이 책은 요한복음을 보수적 교리의 전거로 보고 백 년 전 무비판 시대에 읽었던 대로 그 내러티브를 소개하는 책이 아니다. 재판이라는 완전히 새로운 모티프로, 현대적 언어와 감각으로 요한복음에서 쟁점이 되는 문제를 재미있고 의미 있게 다룬다. 요한복음에 관한 최신, 최고의 연구를 반영하여 요한복음의 논점들을 정리하면서 동시에 오늘의 한국교회 문제에도 답하고 있다. 작가는 신학 만화책이라는 새로운 장르를 보여준다. 여러 사람에게 만화 하면 언뜻 떠오르는 인상은 아이들이 재미로 보고 나서는 금방 잊어버리는 책이다. 그런데 만화가 이래도 되는 걸까? 이 책을 재미있게 읽다 보면 어느새 요한복음의 의미가 새록새록 마음속에 새겨진다. 적극 추천한다.

김동수(평택대학교 신학과 교수, 한국신약학회 회장)

이 책은 자칫 단조롭게 느껴질 수 있는 요한복음에 대한 '기초적인 신학 지식'을 주인공인 '성경이'와 '사페레'의 극적이면서도 현실적인 이야기를 통해서 생동감 있게 전달해준다. 등장인물들이 겪는 고통과 슬픔, 좌절, 그리고 희망이 바로 우리네의 이야기임을 시나브로 깨닫게 된다. 작가가 연재하는 동안 상처나 아픔으로 교회를 떠났던 많은 사람으로부터 교회와 신앙에 대해 다시금 희망을 품게 되었다는 피드백을 받았다고 밝히고 있으나 사실 『요한복음 뒷조사』는 매너리즘에 빠져서 실천적인 신앙의 모습에 대하여 아무런 고민을 하지 않는 대다수 문제없는(?) 크리스천들이 반드시 읽어야 할 책이다. 주인공 '성경이'가 요한복음을 뒷조사하는 과정은 요한복음을 본격적으로 이해하려고 할 때 명심해야 할 핵심적인 해석학의 원리가 무엇인지를 분명히 보여준다. 이처럼 탄탄한 해석학적 기본기는 작가가 『요한복음 뒷조사』를 통해 우리에게 보여주고자 하는 우리네 자화상을 더욱 선명하게 비춰준다. 성경을 성경답게 읽고 싶지만 신학에 대한 부담감을 떨쳐내지 못하는 많은 크리스천, 특히 청년들에게 이 책은 해석학 입문서로서 친근한 안내자의 역할을 감당하리라 확신한다. Tolle lege, Tolle lege.

남궁영(프리토리아 대학교 신·구약 Ph.D., 계약신학대학원대학교 신약신학 교수)

『마가복음 뒷조사』에서 무거운 신학도 가뿐히 들어 올릴 수 있다는 가능성을 선보인 김민석 작가가 요한복음을 다룬다면 어떤 주제들을 뽑아낼까? 나는 요한복음 전공자로서 기대 10%, 걱정 90%의 노파심으로 『요한복음 뒷조사』를 읽기 시작했는데, 의외로 술술 읽혀 '역시나!' 하는 안도감이 들었다. 요한복음 심장부를 관통하는 유대 재판과 로마 재판 모티프를 김민석은 기발하게도 21세기 한국에서 재활용하여 교회 개혁과 정의 문제를 넌지시 제시한다. 브라운이나 보컴 등 양질의 전문서를 참조하여 큰 틀에서 벗어나지 않으면서도 요한복음의 저자, 공동체, 교권, 역사성 등 주요 쟁점을 무리한 결론으로 치닫지 않은 채 적절하게 짚어준다.

문우일(세계성서학회 분과의장, 아현성결교회 협동목사, 전 서울신학대학교 조교수)

감탄이 나온다. 이 만화의 신학적 깊이에 놀라고, 긴장의 연속과 눈시울이 젖는 감동에 놀랐다. 가까스로 취업에 성공한 믿음의 용사 성경이, 상처받고 반항하는 영혼 사페레, 성공 지향적인 위선자 목사 김다윗의 요한복음에 관한 대화는 가벼운 신학 수준을 넘어 있고 현재 한국 기독교의 근원적인 문제들에 관한 현장감 있는 사색을 담고 있다. 복음을 전하는 이 만화가 우리 기독교에 치유의 메시지가 될 것을 확신한다.

이민규(한국성서대학교 성서신학 교수)

요한복음 뒷조사

한국교회에 던져진 엄중한
질문에 요한복음이 답하다

요한복음 뒷조사

Investigations on the Gospel of John

김민석 지음

새물결플러스

차례

작가의 말

2015년 여름, 김영화 작가와 함께 '복음서 뒷조사' 시리즈를 시작했을 때 이 작업은 복음서의 기초적인 신학 지식을 만화로 전달하는 데 초점이 맞춰져 있었다. 그리고 내가 맡은 『마가복음 뒷조사』를 그려가는 과정에서 접한 그 지식들은 예수를 좀 더 또렷한 렌즈로 바라볼 수 있게 해주었고, 그를 따르는 삶이란 무엇인가에 관해 진지하게 고민하도록 만들었다.

그 고민이 시작되어버린 덕분에, 후속작 『요한복음 뒷조사』의 구상 과정은 예정보다 길고 어지러워졌다. 내가 발을 디디고 살아가는 이 땅의 삶과 성경 지식을 더 이상 별개로 취급할 수 없었고, "그리스도 실천이 없는 그리스도론이란 결코 없다"던 위르겐 몰트만의 일갈이 머릿속을 떠나지 않고 맴돌았다(『오늘 우리에게 그리스도는 누구신가?』, 대한기독교서회 역간, 54).

결국 이 작품은 전작과는 약간 다른 방식으로 이야기가 쓰여갔다. 요한복음의 배경과 주제를 탐구해가면서도, 그 내용이 지금 이곳 우리의 삶과 교회에 어떤 의미를 지니는지 끊임없이 질문했다. 요한복음이 우리 현실에 맞는 친절한 답을 선뜻 내주지 않을 거란 걸 알면서도 계속해서 주인공 성경이의 삶 속에, 악역(?) 사페레의 삶 속에 요한복음을 떨구었다. 교부 클레멘스에 의해 "영적인 복음서"라고까지 칭해진 요한복음 텍스트가 지금 한국 사회를 살아가는 이 두 청년의 삶을 어떤 방식으로 감당해낼지, 그리고 이들은 요한복음의 메시지 앞에 어떤 응답을 할지 궁금했다.

혹여나 막다른 길만 수두룩이 발견하지 않을까 하는 긴장 속에서 진행해간 작업이었지만, 요한복음이 쓰인 배경 상황과 요한 공동체의 삶의 정황

등을 먼저 살펴간 후에 만난 요한복음의 메시지들은 오늘 우리의 삶의 자리에까지 비추어지는 가느다랗지만 분명한 빛줄기로 가득했다. 핵심 메시지인 "서로 사랑하라"는 말씀부터 더는 상투적인 '좋은 말'로 여겨지지 않고 도전적으로 다가왔다.

이 작품이 '에끌툰'에서 총 30화 분량으로 무사히 완결될 수 있었던 데는, 공감과 응원으로 함께 해주신 독자분들의 힘이 컸다. 모든 독자분께 진심으로 감사 인사를 드린다. 지속적으로 에끌툰의 웹툰을 책으로 출간해주시고 작가들이 작업할 공간을 내어주신 새물결플러스의 김요한 대표님께도 무한히 감사드리며, 편집과 디자인으로 수고해주신 새물결플러스 모든 직원분께도 깊이 감사드린다. 그리고 기도로 늘 응원해주시는 부모님께도, 작품을 구상하는 동안 귀중한 영감을 전해준 아내 안정혜 작가에게도 마음을 담아 고마움을 전한다. 마지막으로 기독교 웹툰이라는 오지를 밑바닥부터 일궈가는 동지들인 에끌툰의 김영화 작가, 조은진 작가, 최대위 작가, 마빈 작가, 샤인 작가에게도 마음 깊이 감사드린다.

연재되는 동안, 상처나 아픔으로 교회를 떠났던 분들이 이 웹툰을 읽으며 교회와 신앙에 대해 다시금 희망을 가지게 되었다는 피드백을 적지 않게 보내왔다. 오늘날 교회 앞에는 많은 아픔, 고통, 그리고 질문들이 놓여 있다. 우리는 어떤 희망을 발견할 수 있을까? 어떻게 '서로 사랑할' 수 있을까? 우선은 성경이와 사페레 둘의 삶 곁으로 슬그머니 다가가 보자.

2018년 여름
김민석

주요 등장인물

이성경

스물다섯 살 취준생.
어린 시절에 외할아버지의 서재에서 일어난 사고로
신학적인 두뇌가 비정상적으로 발달했지만,
딱히 본인의 진로와는 무관했다.
속으로 하는 생각이 가끔 자기도 모르게
입 밖으로 나와서 주변 사람들을 당황시킨다.

사페레

기독교를 무너뜨리기로 작정한 것으로 보이는 가면 쓴 인기 작가.
대마왕, 악의 축, 교회의 주적 등으로 규정된다.
'사페레'는 칸트가 호라티우스를 인용하며 한 말,
"사페레 아우데"(Sapere Aude, 감히 알려고 하라)에서 따온 필명이다.
성경이를 통해, 본인이 지우려 했던 아픈 과거를 되짚게 된다.

김다윗

교회와 사페레 간의 소송에 직접 나선 유학파 목사.
사페레와 요한복음의 내용을 두고 정면 대결을 펼치게 된다.
성경이가 다니는 교회 청년부 담당이며,
유학파임에도 오래도록 어느 곳에서도 담임 목사로
청빙을 받지 못한 것에 대한 깊은 불안감과 보수적인 사명감이
복잡하게 얽혀 있는 인물이다.

Chapter

01

악당의 소굴

믿음의 용사 성경이는 올해로 스물 다섯이다.

이 기이한 광경에, 성경이의 엄마와 아빠는
각각 상이한 기대를 품었다.
마때보금에
저작 목적과
마때 공동체의 상황은...
성경이가
외할아버지의
신학적 유전자를
이어받았구나!
저 정도면
나중에
공부도
잘하겠군.
중학생이 되자 성경이의 이 '신학책 증상'은
더 심해져서, 한번 신학책을 펴들면
눈에 들어온 주제를 파고들어
거의 논문 비슷한 글을 쓰기에 이르렀다.
타탁
탁
타탁
탁
탁
탁
탁
하지만 공부를 정말 못했다...
망한 성적표
그때 성경이 엄마는
큰 위기감을 느꼈고
더 이상
신학을 못 하게
해야 해...
성경이를 설득했다.
외할아버지는
신학을 한 덕분에
찢어지게
가난하셨단다.
그리고 얘야.
인생에 만구
쓸데없는 게 바로
신학이란다.

그리고 외할아버지의 서재 출입을 금지하고
집에 있는 신학 관련 책들을
모두 치워버렸다.
그 뒤 고등학교 시절과 입시, 대학을 거치며
성경이의 '신학책 증상' 혹은
'신학적 능력'은 서서히 사라졌다.
현재 우리의 믿음의 용사는 대학 졸업 후,
2년째 취업에 실패하는 중이며
오늘도 면접을 망치고 와서
잉여로운 시간을 보내고 있다.
어? 그 자식 인가?
LIVE
540
그 자식이다. 미영언니가 말한 그 자식이야!

기도하고 봐.
사페레의 방송
보다가
믿음 잃은 애들
꽤 있어.
아, 안 봐.
안 봐.
LIVE
582
588
저는 요즘,
요한복음을
읽고 있습니다.
590
여러분은
요한복음에 대해...
어떻게
생각하시나요?

저는 이렇게
생각합니다.
594
이거
유해합니다.
아 뭐래
이 자식이
요한복음을
들고!
이걸 읽으시면
여러분들 속에는
기독교를 제외한
나머지 모든 것을
악하게 보는
강력한 배타성이
심어질 것이고,
특정 민족에
대한 차별의
시선도 생길
겁니다.

사페레 출판사의 메인 작가 '사페레'는
자신의 SNS에서 매주 이런 방송을
진행하고 있었다.

그의 SNS 페이지는
상당한 인기를 끌고 있었고.
성경으로부터 해방
@exodusfrombible
96,184명이 좋아합니다.
99,302명이 팔로우합니다.
출판사 대표 지희 씨는 안 그래도 안 팔리던
인문학 책을 내던 출판사를 접고,
사페레의 책을 내게 되었다.
이런 식으로 1년에 10권씩.
무...무리...
LIVE 603
더 이상 방황 말고.
LIVE 603
당당하게 니 믿음 잃으라!
허우적
허우적

사페레의 방송은 결국,
믿음의 용사 성경이를 열받게 했다.
니 믿음 잃으라~!
뭐 이딴!
뭐 이딴 미친 ㅅㄲ가!
믿음의 용사는 욕설을 내뱉고 말았다.
주님...
주니임... 저의 연약함을... 흑흑...
덜컥-
띠리리-
쟤가 또 면접을 망쳤나...?

너
공무원 시험
준비해라.
잠시 현타 온 성경.
싫어.
뭐가 싫어.
계속 시간 끌면
너만 더
힘들지.
아, 공무원 시험은
뭐 쉬운 줄 알아?
더 힘들어.
해볼 수
있는 건
해봐야지,
질질 끌지
말고.

나도 아빠도
너 학자금
못 갚아준다.
그리고 며칠 후, 일요일.
주님...
제게 예비하신
직장이 있다면...
제게
예비하신
직장이...
있나요...?
주님?

이야…
청년부 주보
디자인이 이렇게
고퀄이어도 돼?
성경아?
아…
괜찮나요?
당연히 좋지.
다음주부터
이걸로 하자.
아 그리고, 목사님이
성경이 너한테
좀 할 얘기가 있는데…
네?
무슨…?
성경이 너
취직할래?

네! 네! 취직!!
취직 할래요!!!
근데 어디로요??
사실, 소송을 하나 준비 중인데...
소,소송?
최근에 수많은 청년의 믿음을 잃게 만들고 있는 사람이 있다.
'성경으로부터 해방'이라는 SNS 페이지를 운영하는 매우 사악한 인물인데...
성경으로부터 해방
@exodusfrombible
작가
96,184명이 좋아합니다.
부들 부들
아잇!
저도 알아요! 이름은 사페레예요!

거기서 일하면서, 사페레가 재판 변론을 위해 준비하는 논리들을 캐내어 오는 거다.
물론 소송이 끝나면, 너가 다른 직장을 구할 수 있도록 교단에서 도움을 줄 거고.
사페레의 방송과 출판을 중단시킴으로...
잃어가던 생명들을 구하는 일에 쓰임받는 것이지.
어떻니? 할 수 있겠니...?
주님... 이것이...

사페레

이것이...
제게 예비하신
직장인가요?

성경이는 아주 잠시
억울한 생각이 들었지만
내가 이런 데
들어가려고
인서울 4년제
디자인과
나왔나...
곧 학자금 현타가
도적같이 몰려왔다.
움찔
아...
주님, 그, 그게
아니고...
성경이 너는
하나님 나라를 위한
거룩한 내부자가
되는 거다.
그렇습니다, 주님!
하나님 나라를 위해
저를 여기 채용
시키시사!
사페레가
소송에서
패배하도록
저를 사용해
주세요!!!

...면접 보러
오셨어요?
아!
네네!
들어오세요...

저자가...
사페레...
경력이
없네요?
아...
저는
주ㅂ...
성경이는 교회 청년부
주보 제작 3년 경력을
들이댈 뻔했다.
헙.
네?
아,
아닙니다.
경력이
없긴 한데...
학점 좋고,
포폴이
괜찮네요.

우리 출판사가 지향하는 가치에 동의만 하신다면 뭐 큰 문제는 없을 것 같은데.
아... 어떤?
저 따라해보세요.
'성경으로부터 인간을 해방시킨다.'
성경 으로부터 인간을...
해방 시킨다...
동의하십니까?

Chapter

02

사페레의 동료

아....
네,
동의하죠.
당연히.
믿음의 용사 성경이에게
그런 거짓말은 고통스러웠다.
주님...
저 주님 나라
위해서 이러는
거예요...
아시죠?

여하간 성경이는
좋습니다. 다음주 월요일부터 바로 나올 수 있어요?
드디어 취업에 성공했다.
네!
당연히 나올 수 있죠!
이윽고, 교회와 사페레 간의 민사 재판이 시작되었다.
양측은 변호사를 고용하지 않고 직접 변론을 하기로 했다. 원고인 교회 측은 성경이네 교회의 김다윗 목사.
피고인 사페레 측은 본인.
김다윗 목사는 사페레가 요한복음을 공격한 부분들을 주된 타깃으로 삼았다.
요한복음

사페레가 요한복음에 특히 신랄하기도 했고, 영생, 그리스도의 선재 등 기독교의 근본적인 내용들이 요한복음에 기초를 두고 있었기 때문이다.
그를 믿는 자마다 영생을 얻게
이 말씀은
곧 하나님이시니라
아브라함이 나기
전부터 내가 있느니라 하시니
나와 아버지는 하나이니라
요한복음은 결코 무너져서는 안 되었다.
판사는 이 재판이 막장으로 치달을 가능성을 미리 감지하고는,
교회 측에서... 허위라고 주장한 사페레의 발언들의 진위 여부를 먼저 확인하고...
재판 진행을 평소보다 세심하게 가이드하기로 마음먹었다.
그 뒤에 그것이 명예 훼손에 해당하는지를 판단하겠습니다.
교회 측의 소장과 사페레 측의 답변서를 요약하면
쟁점은 크게 두 가지네요.

취업 축하한다, 성경아. 사페레와의 소송에서 다툴 첫 번째 쟁점을 먼저 알려줄게.
받아 적어라.
네에...
첫 번째는 이거다.
'요한복음은 종교적 목적으로 창작된 문헌이며 역사적 가치가 없는가?'
LIVE
603
기독교인들은 예수를 하나님으로 믿습니다.
주로 요한복음을 근거로요.
마태, 마가, 누가복음에는 예수가 하나님이라는 언급이나 암시가 없거든요.

604
마태, 마가, 누가. 이 세 복음서에서 예수는 인간이에요.
너무나도 인간적이죠.
604
그런데 초기의 세 복음서에서, 마지막에 쓰인 요한복음에 이르기까지.
시간이 흐르면서 어떤 발전이 일어난 겁니다.
605
그 결과, 유독 요한복음에서만 예수가 하나님으로 언급돼요.
십자가군병
사탄아 떠나가라. 사파리에 사탄!
독헌스
어 개독출몰. 반가워요 개독!
초기 기독교인들은 예수를 인간으로 여겼고, 부활 때에 천상적 존재로 높여진 거라고 믿었는데…
교리가 발전하면서, 후대의 기독교인들은…
예수는 처음부터 하나님이었고, 일시적으로 인간의 몸을 입었다가 다시 하늘로 귀환했다고 믿게 되었죠.
그 발전의 결과가 요한복음이 묘사하는 '신적 예수'인 겁니다.

요한복음은 이렇게 발전된 교리에 따라 창작된 문헌이고
전혀 믿을 만한 게 못 되니...
605
예수가 하나님이라는 니 믿음 잃으라~!
파닥
파닥
목사님 이거 바,바,반박 가능한 거 맞죠?
반박 가능하다고 말해주세요!
이러다 나도 믿음 잃겠네!
물론이지! 물론이지 성경아!
요한복음은 예수님의 제자인 사도 요한이 자신의 목격과 기억을 바탕으로 쓴 것이지 절대 창작이 아니란다!
게다가, 예수님이 부활했다는 것 자체로 이미 예수님이 하나님이시란 걸 증명해.
사페레의 말은 궤변에 가깝지!
아...
그렇군요...
아... 갑자기 머리가...

핑
아이고
성경아!
성경아!

성경아!
성경아!!
ㄱㄹ....
응?
성경아
뭐라고?
구려...
구... 구려?

아... 머리야...
목사님이 방금 하신 그 반박이 갑자기 너무 구리게 느껴져서...
아... 내 반박이?
네네, 목사님 반박이 약간 토할 거 같이 구리게 느껴져서...
끄덕끄덕
아... 내 반박이... 토할 거 같이 구리게 느껴졌구나...
끄덕 끄덕
네네...
아, 죄송해요 목사님.
아냐아냐 그럴 수 있지.
하지만 정말 구리게 느껴져서...
그래 알았어.

이야, 당신
기사 났다 기사.
함 봐봐
이거.
'반기독교와의
운명의 소송 대결을
벌일 김다윗 목사!'
워딩 봐라ㅋㅋ
지난주에 인터뷰
한 게 벌써 나갔구나.
출판사들은
당신 책 내겠다고
전화하고 난리고.
참나...
미국에서 그르~케
쎄가 빠지게 고생해가
박사 따왔을 땐 머
누가 불러주도 안트만.
웃긴다
그자?
외국에서
박사 따왔다고
무조건 담임이나
교수로 불러주나
뭐...
그래도 당신이
지금까지
부목하고 있는
거는 말이 안 되지
안 글나?
아무턴...
이번 재판 자진해서
나선 건 잘한 거야.
집사님들이랑
중보기도팀도 따로
꾸렸으니까. 힘내요.

당신의 탁월한 신학적 실력을 보여줄 기회야 이건.
내 실력...
구려...
움찔
푸드덕
첫 번째 쟁점!
요한복음은 종교적 목적으로 창작된 문헌이며 역사적 가치가 없는가?

마침내, 성경이의 첫 출근날이 왔다.
후우…
주님… 저 잘할 수 있게… 교회 첩자인 거 안 들키고 잘하게 도와주숍소서 …
절대 들어가면 안 되는 방
여긴 안 돼!!!
뭐야. 이미 얘기 다 했잖아.
뭐하자는 거야?
안 되겠어, 도저히 안 되겠어.
도리 도리

아, 그럼
신입은 어느 자리에서
일하라고?
작가의 공간을
보장하라.
절대 들어가면
안 되는 방
척
아 시끄러워.
나와.
절대 들어가면
안 되는 방
텅
아악!!
자.
여기예요.

성경이는 사페레와 같은 방을
쓰게 되었다.

자.
이것이 너와 나의 경계다.
알겠니?
네...
책상의 삼 분의 일만 주다니... 엄청 치사하다...
선 넘어오면 내 거.
알겠니?
네...
사이코...!!

성경이는 첫날 업무로,
사페레의 신작 조판을 맡았다.

하지만 성경이의 온 신경은
사페레에게 집중되어 있었다.

사페레가 재판의 쟁점을 놓고
고민하고 있었기 때문이다.

성경이는 화면 귀퉁이에
메모 앱을 켜두고,
사페레의 중얼거림에 귀기울였다.

그 '사랑하시는 제자'가 사도 요한일 가능성은 거의 없다.
예수
사랑하시는 제자
세베대의 아들 요한
?
사도 요한. 그러니까 세베대의 아들 요한은 갈릴리의 어부다.
세베대의 아들 요한
하지만 요한복음은 갈릴리보다는 예수의 예루살렘 사역을 주로 다루고, 예루살렘 지리에 밝다.
예수
사랑하시는 제자
게다가 그리스어 문장도 유려한 편이고, 그리스 철학의 용어들도 등장한다.
λόγος
로고스
πλήρωμα
플레로마
갈릴리 사람은 못 배웠다고 같은 유대인들한테도 까였는데... 그런 갈릴리 어부가 그리스어 문장력 오졌구요, 지렸구요? 말이 되나.
요한복음의 '사랑하시는 제자'는 실존 인물이라기보다는 하나의 모델일 가능성이 크지.

요한복음의 신학을 따르는 공동체가 지향하는 참 제자상!
예수의 제자라면 '사랑하시는 제자' 처럼!
예수
사랑하시는 제자
그러니 요한복음은 요한 공동체의 교리를 담은 창작 아니겠습니까, 판사니임!!
핑
아... 또 머리 아파...

실로 방대한 신학 지식들이
으으으...!
성경이의 머릿속으로
쉴새 없이 쏟아지기 시작했다.
그렇다.
어릴 적 성경이의 그 '신학책 증상'이
다시 돌아오고 있었다.

아이고
성경아!
성경아!
....
왜...
자빠진
거냐..?
아...
사페레
니 논증이
구려서요...
허억!!
뭐,
뭐라고??

아! 내가 지금
무슨 말을...
털썩
작가님,
제가 말이
헛나왔어요!
헛나온 거예요!
아냐...
구린 게
맞아...
생각해보니
논증에 비약이 있었어,
비약이.
넌 그걸
어떻게
알았니?
너 뭐야?
아...
마, 말이
헛나왔다니까요!

너...
스스스
스스스
스스스스
스스스스
너
내 동료가
돼라.

Chapter

03

믿음의 용사, 더 비기닝

벌컥
아... 사장님...
둘이 뭐하는 거야?
성경 씨에게 내 재판 준비를 돕는 동료가 되어달라고 부탁 중이었어.
뭐?
누구 맘대로?
아니, 내 방을 같이 쓰는데 그 정도는 도와줄 수...
이게 왜 니 방이야! 월세 니가 내니?
....
자자, 성경 씨 저 작가 나부랭이는 신경 끄시고 조판에 집중하세요.
부들부들
아 네...

이 사장 나부랭이가 정말!
이 재판에서 지면 어떻게 되는지 알아?
내 책들 다 절판시켜야 해!!
그럼 이 출판사도 끝장이라고!!
왜 니가 질 거라고 생각해?
니 논증에 스스로 자신이 없어?
그 정도 확신도 없으면 그냥 지금 절필해.
쾅
......

……
……
뒤통수로 날 불쌍하게 쳐다보고 있군.
아,아니 거든요!!
구려.
…네?
구려… 그 한마디에서 난 느꼈어.
고오오오오오오오오오
성경 씨의 엄청난 지적, 인문학적 소양을…

성경이는 그렇게, 첫 출근날부터
두 가지 업무를 받았다.
'책 조판'과 '구려.'

집에 온 성경이는
김다윗 목사에게 전달할 사페레의 논증을
마저 정리했는데
그러던 중 또다시...
핑
아...
또 이래!
이거...
어릴 적
그 증상이야...

성경이는 무언가에 이끌리듯
새 노트를 꺼내고
사페레의 요한복음 논증에 대한
자기 나름의 응답을
무작정 써내려가기 시작했다.
사사삭
사삭
쓰고, 또 썼다.
사삭
사사삭
회사에서는 사페레의
구린 부분을 파악하고.
구려!
어억...
집에서는 썼다.
탁
후...

노트에는 나름 제목도 붙였다.
요한복음 뒷조사
흐아...
쓰면 두통이 좀
가라앉네.
우웅-
우웅-
김다윗목사님
휴대전화
우웅-
아, 목사님!
안녕하세요!
그래 성경아.
너가 사페레의 논증
정리해서 보낸 메일
잘 받았다.

잘 받으
셨군요~!
너무 수고 많았다.
읽어보니 사페레가
할 얘기들이
거의 예상되더라.
다행
이네요.
아,
내일이
첫 변론이죠?
후...
그래.
내일이네.
힘내세요!
기도할게요.
아참, 목사님
저도 사페레의 논증에 대해
나름대로 공부하면서
정리를 해봤는데요.
혹시
괜찮으시면...
이야!
정말?
멋진데?
멋지다 성경아!
너도 이번 재판을 계기로
성경 공부까지 하게 됐구나!
아... 네...
그런데...

그래 성경아,
너한테 아주
유익할 거야.
요한복음 뒷조사
기왕 시작한 거
열심히 한번
해봐.
......네.
그래 아무튼
목사님은
내일 결전을
치르고 오마!
네 목사님,
내일
잘 하세요.
그래
또 통화하자.
뚝
에휴.
그래 뭐 내가
지껄여놓은 게
목사님한테 무슨
도움이 되겠어.
탁

마침내, 김다윗 목사와 사페레의
첫 법정 대결 날이 왔다.
사패레 OUT
사탄의 세력 사페레 OUT
사페레는 악의적인
기독교 왜곡 방송과 출판을 중단하라!
사페레의 방송은 기독교에 대한 왜곡과 허위로 가득합니다.
재판을 통해 증명해 보이겠습니다.
괜히 저랑 논쟁하다가 김다윗 목사마저 믿음을 잃으면 어떡하나.
뭐 그런 걱정을 하고 있습니다.
딴 거 필요없고요.
오직 성서 텍스트만 갖고 김다윗 목사님께 참교육을 시켜 드리겠습니다.

예고 드렸던 대로 첫 쟁점은…
'요한복음은 종교적 목적으로 창작된 문헌이며, 역사적 가치가 없다' 라는 사페레의 주장입니다.
이것에 대해 김다윗 목사는
요한복음은 명백한 역사 기록 이라고 반박 하셨는데요.
양측 다 근거와 자료를 토대로 이 쟁점을 다뤄주시기 바랍니다.
사페레는 성경이에게 얘기했던 그대로, 요한복음의 저자 문제로 접근했다.

그는 교회의 보편적인 이해와는 달리, 요한복음의 저자는 사도 요한일 수 없다며 근거들을 제시했다.
그 얘기 할 줄 알았다. 이성경 나이스!
성경이가 보낸 사페레 논증
그러니까, 사도 요한이 갈릴리 어부였으니 그렇게 유려한 그리스어를 사용할 수 없었을 것이다... 그 말이죠?
그런데 당시 갈릴리 지역엔 그리스인도 살았습니다.
어업에 종사한 요한이 장사를 위해 그리스어를 익혔을 가능성도 있지 않을까요?
λιπαρά
όψάριου
게다가 초기 기독교 교부들은 요한복음의 저자를 분명 사도 요한으로 기록하고 있습니다.

"요한은 에베소에서 요한복음을 썼다."[1]
이레나이우스
2세기 리옹의 주교
"요한은 영적인 복음서를 썼다."[2]
클레멘스
2세기 알렉산드리아의 교부
이는 명백한 외적 증거라고 볼 수 있죠.
그게… 신뢰할 만한 외적 증거인지는 잘 모르겠네요.
기독교 교부들이야 뭐 당연히 요한복음의 정경 권위를 지켜야 했을 입장들 아녔겠습니까?
문제는 외적 증거보다는 내적 증거에 있습니다.
요한복음 속 알맹이를 보자고요.
우선 요한복음 1장의 서론…

나머지 다른 부분들과 문체가 확연히 다릅니다. 한 사람이 쓴 거 맞나? 할 정도로.
1장 1~18절
2장
3장
무슨 근거로 학자도 아닌 사람이 그런 주장을 합니까?
이거 제 얘기가 아니고 당신네 기독교 신학자들의 연구 내용입니다.[3]
아니...
대체 누가...
그리고 요한복음 3장에서 예수는 유대 땅인 예루살렘에 머물러 있었는데... 3장 22절엔 거기서 유대 땅으로 갔다고 나옵니다. 엥?[4]
예루살렘
?
유대땅
'존경하는 판사님께서 명동에 있다가 서울로 이동했다.' 말이 됩니까? 3장 22절이 그런 얘깁니다.
명동
???
서울
끄덕 끄덕

3장 전체 구조를 보면, 22~30절 사이의 내용은 삽입된 부분으로 보입니다.
그 외에도 사페레는 요한복음이 편집된 흔적들을 계속 내놓으며, 김다윗 목사를 당황시켰다.
부들 부들
치킨
김 목사는 더 이상 말을 잇지 못하더군.
그래서 판사는 뭐래?
와 대박.
이 쟁점은 학문적 해석의 영역으로 보이므로
사페레의 주장을 허위라고 간주하기 힘들다.

아이 윈!!
내가 이기쓰!
내가 이기쓰!
축하해~
어떡하지...?
어떻게 되는 거지...?
내가 다 알아 지희 사장.
말은 못되게 해도, 나 땜에 맘고생 많았지?
뭐래.
이제 걱정 안 해도 돼.
빠악
호들갑 좀 떨지 마.
아... 너무 울려... 너무 울려....
아직 쟁점이 남았고 변론도 안 끝났는데 무슨. 다 이긴 것처럼 난리야.

까똑
까똑
오후 6:10
김다윗 목사님
김다윗 목사님
성경아 긴급회의가 필요하다
퇴근 후에 교회로 올 수 있니?
오후 6:10
어떻게 된 거예요, 목사님?
성경이 말로는 좀 불리하게 됐다고…
첫 변론이긴 하지만 불리하게 된 건 사실이다.
오늘 사페레의 얘기 중 절반은 성경이를 통해 미리 알았던 것이라 준비할 수 있었는데… 나머지 절반은 예상 못 한 부분들이라 좀 당황했다.

요한복음이 편집된 것처럼 보이는 흔적들 말이죠?
아니... 어떻게 알았니?
오늘 회식 자리에서 사페레 그 자식이 신나게 떠들더라고요. 목사님을 어떻게 뭉갰는지 자랑하면서...
근데 목사님 그거... 저라면 답변할 수 있었을 거 같아요.
......
성경아! 목사님한테 그런 교만한 말이 어딨어!
죄송해요 목사님. 근데 그 부분... 제가 말씀드렸던 그 노트에 정리했던 부분이라서...

요한복음
저자에 관한 걸
성경이 너가
정리했다고?
한번 보실래요?
혹시 몰라서
오늘 들고 나왔는데.
어...?
아!!
가,가방을 회사에
두고 왔어요!!
어
그래...
사페레
오늘은~
기분이 좋으니~♬
버스 끊기기
전에~
집에 가자~♬
집에 가자~♬

에그...
칠칠하지 못하게 가방을 두고 다니시네.
응?
요한복음... 뭐라고 써 있는데?
그 노트 사페레가 보면 안 되는데!!
노트는 목사님이 다음에 볼게. 아무튼 앞으로의 대책을 좀 생각해봤는데...

성경이 너가 사페레 얘기를 직접 정리하는 것보단, 녹음을 하는 게 좋겠다.
자, 이거 목사님이 안 쓰는 폰 공기계다.
배터리 100프로 충전하고 사페레 근처에 숨겨서 일과 내에 녹음해라.
근데 목사님 이거... 사실상 도청 아닌가요...?
목사님 제가 못 미더워서 그러세요? 저 사페레 얘기 하나도 빠짐없이 정리해드린 거예요.
너가 못 미더워서가 아니라 작은 것 하나라도 놓치지 않기 위해서다, 성경아. 얼마나 중요한 재판인지 잘 알잖니?

일단…
저 먼저
가보겠습니다.
가방 빨리 찾아야
할 거 같아서요.
그래.
택시!!
택시!!
탁탁탁탁
사페레…
노트 못 봤겠지?
제발 제발 그냥
집에 들어갔기를!!
부우우우웅
바보같이
왜 가방을
놓고 온 거야!!!
탁탁탁탁
사페레

주

1. 이레나이우스의 언급은 Irenaeus, *Adversus haereses*, 3.1.1; Eusebius, *Historia Ecclesiastica*, 5.8.4; 『예수 복음서 사전』(요단 역간), 902-903에서 재인용.

2. 클레멘스의 언급은 Eusebius, 같은 책, 6.14.7; 『예수 복음서 사전』(요단 역간), 902-903에서 재인용.

3. Rudolph Bultmann은 요한복음 서론이 세례 요한의 제자 분파에 의한 찬송시에 기원을 두고 있다고 가정했다. George R. Beasley-Murray, 『WBC 요한복음』(솔로몬 역간), 42-43.

4. Raymond E. Brown, 『요한복음 개론』(CLC 역간), 75.

Chapter

04

전투의 시작

벌컥
아이
깜짝이야!
절대 들어가면
안 되는 방
마...
망했다...

이거...
니가
쓴 거냐?
아
모르겠다,
강하게
나가자.
지금, 지금, 어?
남의 가방 뒤진
거예요?
니가.
쓴 거
냐고?
아, 뭔 상관이야
내놔요, 내 노트!!
어어-
안 돼
안 돼.
내놔!!
어-
안 돼
안 돼.

아 대체
왜 안 주는
건데요??
에잇!!
어억!!
쿵
악!
안 돼...
갖고 싶단
말이야....

미...
미친 건가?
탁
내놔요.
아, 척추...
그 정도일 줄은 몰랐지... 성경 씨의 정체에 대해서야 뭐
어느 정도 예감은 했지만...
뭐... 뭘요...?
내 생각에 넌...

천재야.
...네에??
읽어봤는데... 오랜만에 느껴보는 지적 감동 이었어.
난 그냥 성경 씨한테 '구려' 한마디 해달라고 한 거 뿐인데...
날 위해 요한복음을 갖고 그렇게 세심하게 정리했을 줄이야!
아... 하하...
응???

사페레의 심각한 자백과 착각 덕분에
성경이는 위기를 잠시 벗어났다.
허허.
쑥스럽구먼.
버스 너무 안 오는데요? 기다린 지 20분이 넘었는데.
여기 마을버스 좀 일찍 끊겨. 난 보통 지하철역까지 걍 걸어 내려가.
걸어가자구 젊은이! 딱 봐도 평소 운동 안 하는 각인데.
턱
아,아니 제가 어딜 봐서! 운동 하거든요?

타박
타박
아참, 목사님
저도 사페레의 논증에 대해
나름대로 공부하면서
정리를 해봤는데요.
그래 성경아,
너한테 아주
유익할 거야.
노트는 목사님이
다음에 볼게.
아무튼 앞으로의
대책을 좀…
내 생각에
넌 천재야.
오랜만에
느껴보는
지적 감동
이었어…

타박
타박
타박
타박
타박
궁금한 게 있어요.
응…?
정말 성경을 증오하세요?

당연하지.
근데 왜 그렇게 성경에 관심이 많아요? 전 싫은 건 아웃 오브 안중 되던데.
적이니까.
성경은 나의 주적!
아….
적군이 싫다고 신경 끌 순 없잖아.
오히려 누구보다 잘 알아야 하지!
완전히! 완벽히 파멸시키기 위해서!
바둥
바둥

나쁜 놈…
악당…
사페레 때문에
믿음 잃은
새신자 생각하면…
마음이
괴로워…
언니…
내가…
사페레 때문에
믿음을
잃었다면…?
…잔인해요.
어떤 면에선.
뭐가?
사람들 신앙
잃게 만드는
거…
그거… 누군가의
삶의 기둥과도 같은 걸
무너뜨리는 거잖아요.

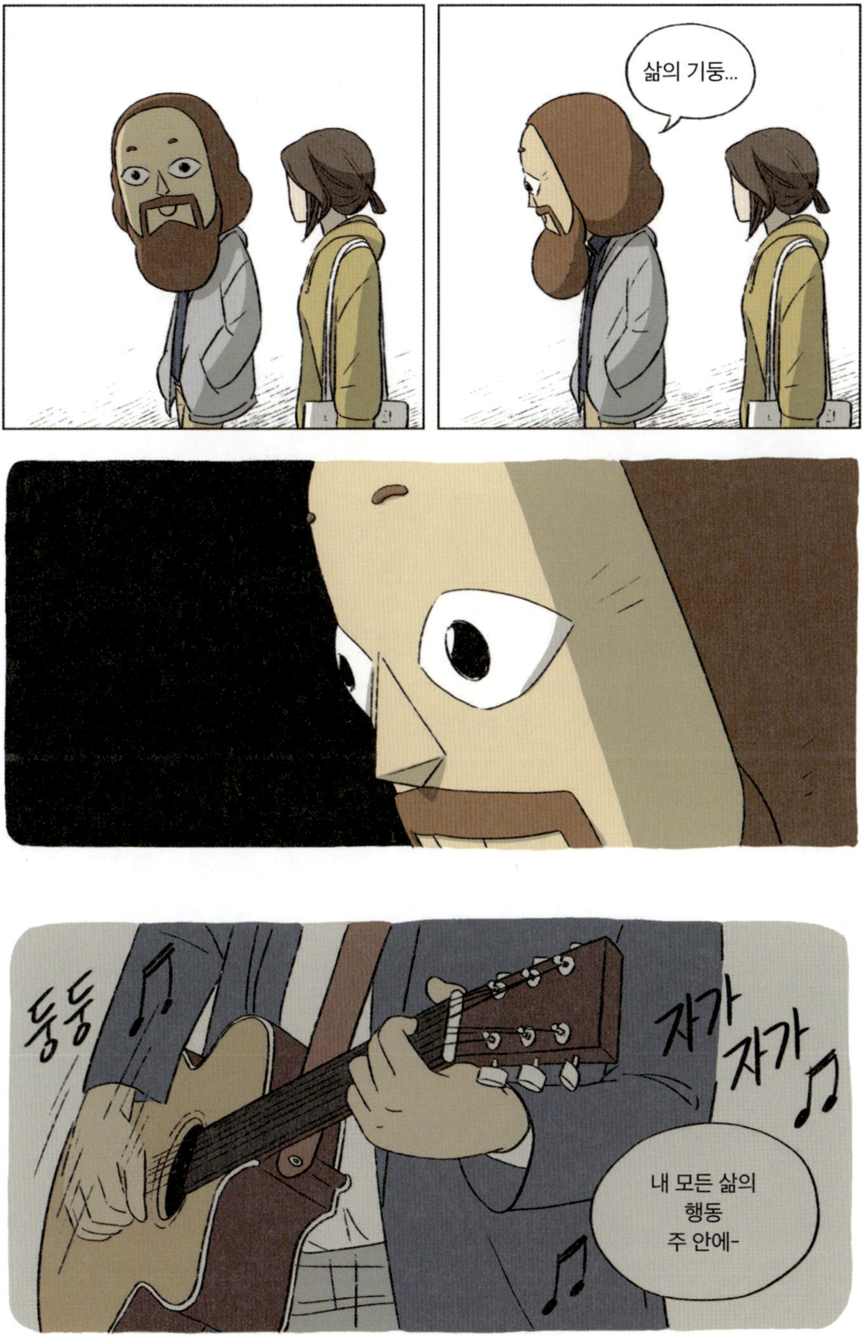
삶의 기둥...
둥둥
자가 자가
내 모든 삶의
행동
주 안에-

내 길도
주 안에-
나의 숨쉬는
순간들도-
성도
나- 나나
나나나나-
나- 나나
나나나나-

나- 나나
나나나나-
나- 나나
나나나나-
쿵
으앗! 사페레
작가님!!
라멘

......
왜,왜 날 여기로 끌고 들어온 거냐?
배고프신 거 같아서요.
꼬르륵
아니 어째서...
꼬르륵
꼬르르륵
위야... 그만 닥쳐...
꼬르륵
제가 밥을 안 먹어서 그래요.
뭐,뭔소리야? 치킨 뜯었잖아?
치킨은 밥이 아니죠. 달라요.
저의 위는 구별한답니다?

과연
그렇군.
...??
뭐... 또
뭐가요?
라멘
나왔습니다.
탁
성경 씨의
천재성은...
바로 탄수화물
처묵처묵에서
온 것이었어!!
저 놀리는
거죠?
ㄴㄴ.
뇌세포가 활동
할 수 있는 유일한
에너지원이
탄수화물이거든.
...그럼 이제
탄수화물에
죄책감 느끼지
않을 거야!
아무튼
성경 씨 노트는
진짜 장난
아녔음.

김다윗 목사가 성경 씨 노트의 얘기들 반만 꺼냈어도 내가 속수무책이었을 거야.
그 정돈 가요?
뭐 어떤 부분이...?
뭐... 많지만 우선 요한복음 저자 문제.
요한복음 저자가 누구였든, 몇 명이었든 간에...
요한복음이 '목격자 증언'을 바탕으로 했다는 거. 오지더군.
목격자
예수
예수 옆구리를 군인이 찔러서 피와 물이 나왔다는 장면을 두고
요한복음은 이렇게 얘기하잖아.
"이를 본 자가 증언하였으니 그 증언이 참이라..."
요 19:35

이걸 누가
'보고', '증언' 했는지는
그 앞부분에 나오지.
"예수께서
자기의 어머니와
사랑하시는 제자가
곁에 서 있는 것을
보시고..."
요 19:26
바로, 예수의 어머니와 함께
십자가 처형 장면을
지켜보고 있었던 그
'사랑하시는 제자'[1]
빵
?
대박!
그렇군요!
가,감탄
하지마!
니가 쓴 거
잖아!!
써놓고
금방 까먹
거든요...
긁적
......
뭐... 뭐 아무튼
그거보다 더
흥미로웠던 건...
그 '사랑하시는 제자'의
정체에 대해 탐구한
부분이었어.
?

주

1. Raymond E. Brown, 『요한복음 개론』(CLC 역간), 251.

Chapter

05

요한복음의 저자는 누구인가?

라멘 나왔습니다.
나는 그 '사랑하시는 제자'가...
탁
저... 일단 좀 먹고 얘기하면 안 될까요?
어!
밥 아이 먹니...?
아니 물어보지도 않고 내 것도 시켰어?
한 젓가락 드셔보시면 저한테 고마워 하실 걸요?
......
덜걱
가면... 드디어 벗는 거야?

스윽
후룩
에이 뭐야... 굳이 저렇게 불편하게...
아, 이성경 정신 차려!! 저 악마의 꼬붕 같은 인간 얼굴을 왜 궁금해하는 거야!
오, 맛있어. 딜리셔스! 우마이!
...그쵸?
자자, 먹으면서 '사랑하시는 제자'의 정체를 탐구해보자고.
네네.

음, 제가 기억하기로 사페레 작가님은
그 '사랑하시는 제자'가 실존 인물이 아니라 어떤 모범이 되는 '제자 모델'이라고 보셨었잖아요?
그치. 넌 그게 구리다고 했었고.
예수
사랑하시는 제자
니 노트를 읽다 보니 왜 구린지 알겠더군.
'사랑하시는 제자'를 가상의 제자 모델로 여기면... 요한복음이 그 인물한테 부여하는 막중한 권위가 설명이 안 돼.
요한복음 내용들을 증언한 사람이 바로 '사랑하시는 제자'라고 대놓고 요한복음이 적고 있으니까.
"이 일들을 증언하고 이 일들을 기록한 제자가 이 사람이라..."
요 21:24
당시 요한복음을 읽었던 독자들이 이 '사랑하시는 제자'가 누군지 몰랐거나, 실존 인물이 아니라고 여겼다면
꽤 난감한 상황이 발생했겠지.
사랑하시는 제자? 이게 누꼬?
이거이거 예수님 가지고 구라치는 거 아녀?
걍 마가복음이나 솔찬히 읽어야 쓰겄구먼.

그럼 사랑하시는 제자가 실존 인물 인 건 ㅇㅈ?
동의?
ㅇ ㅇㅈ
어 보감
그래도 내 생각엔 그 인물이 사도 요한은 확실히 아니었던 거 같음.
유독 사도 요한만 부정하시는 듯?
아니 좀 들어봐. 복음서 중에 요한복음에만 안 나오는 게 있는데 그중 대표적인 것이...
예수가 신비스럽게 변모한 '변화산 사건'! 요한복음에는 안 나와.
핵심 제자인 베드로, 야고보, 요한 세 사람에게만 보여진, 마태, 마가, 누가복음엔 다 기록된 사건인데.
오졌다리
지렸다리
그 사건을 직접 본 당사자인 사도 요한이 이걸 생략했다면 정말 이상한 일 아닌가?
음...

핑
웃!
으...
아예 열두 제자 중 한 명이 아니었을 수도 있어요.
오?
요한복음에는 특이하게 열두 제자 명단이 안 나오거든요.
열두 제자의 역할도 다른 복음서들에 비해 미미하고.[1]
호오?
오히려 다른 복음서에선 등장 안 한 제자들이 많이 나오죠.[2]

그중에는 특히 예루살렘이나 그 근처에 살았던 사람들이 많고요.3
니고데모
마르다
마리아
나사로
지리적으로도 예루살렘을 제일 상세하게 묘사하고,
제자들도 예루살렘 출신 제자들이 많이 등장...
이런 거 보면 '사랑하시는 제자'도 예루살렘 주민이었을 거 같지 않나요?
와아... 정말 아름다운 논증이야!
데헷...
그럼 누굴까? 예루살렘 주민이었을 거란 얘기까진 꽤 설득력 있는데...
'장로'라고 불린 사람!

엉?
요한 2서, 3서 저자가 자신을 그냥 '장로'라고 부르잖아요.[4]
아 그렇지. 별 설명 없이 걍 '장로'라 하지.
"장로인 나는... 편지하노니..." 요이 1:1
네네.
요한 1, 2, 3서와 요한복음 저자는 모두 동일인으로 추정되니... 이 '장로'라는 호칭이 꽤 중요한 단서 같아요.[5]
πρεσβύτερος
장로
그냥 '장로'라고만 해도 그게 누군지 다들 알아차릴 수 있었던 사람이었겠구만.[6]
네.
근데 흥미롭게도, 2세기 초의 파피아스라는 주교의 글에 보면...
사도 요한과 구별되는 '장로 요한'이라는 인물이 나와요.

장로 요한??
그 작자도
예수의 제자
였나?
어…
아마도…
일단 파피아스의 글에선
'주의 제자'로 불리고
있더라고요.
"…혹은 도마나 야고보,
혹은 요한이나 마태나 주의 다른 제자들이…
역시 주의 제자들인 아리스티온과
장로 요한이 말하고 있다는 것들도
무엇이든 물어보았습니다. …"7
오오!!
재밌는데?
장로 요한이라니!
살펴볼
가치가
있겠어!
들썩
들썩
그래서
그래서?
아무도…
내가 탐구한
얘기들을
진지하게 들어주지
않았는데…

어째서
내 앞의 이 악당이
제일 재밌게
듣고 있는 거야...?
아, 왜
뜸을 들여-
현기증 난단
말예요!!
하지만
김 목사님도
내 노트를 제대로
보신다면...
얘기가
통하겠지?
......
지금 정신없고,
바쁘시니까...
저기...
이 재판에
뭐라도 도움이
되면 좋겠다.

저기...
장로 요한...
얘기
안 해줄
거니...?
응? 응?
내가
이 인간한테
계속
얘기해도
괜찮은 걸까?
니니
여기서 끊으면
니는
잔인한 사람!!
안절
부절
엄청
궁금하게
만들어놓고!!
아,
알았어요
알았어요!
일단,
파피아스 글에
언급된 제자들
목록을 보면
앞의 일곱 제자에 대해선
'말했다고'라고
과거형으로 얘기하는데...
"...안드레나 베드로가 말했다고,
혹은 빌립, 혹은 도마나 야고보,
혹은 요한이나 마태나 주의 다른
제자들이 말했다고..."8

뒤의 두 제자 아리스티온과 장로 요한에 대해선 그들이 '말하고 있다'라고 얘기해요.[9]
"...역시 주의 제자들인 아리스티온과 장로 요한이 말하고 있다는 것들도 무엇이든 물어보았습니다."
파피아스가 묘사하던 때에 앞의 일곱 제자는 죽었지만, 뒤의 두 제자는 살아 있었단 얘기겠죠?[10]
아리스티온
장로 요한
아리스티온과 장로 요한은 살아 있었다?
네네.
그게 대충 언제지?
파피아스의 글은 2세기 초의 것으로 여겨지고, 파피아스는 이 글에서 좀 더 과거 시점을 다루고 있으니... 1세기 말쯤?[11]
기원후 1년
기원후 100년
예수의 제자면서도 그때까지 살았으면... 벽에 똥.. 아,아니, 오래 사셨구마이.
혹시 그래서 '장로'라고 불렸나?
오, 충분히 그럴 수 있을 거 같아요!

요한복음 뒷부분을 보면, 이 '사랑하시는 제자'가 예수님 재림 때까지 살아 있을 거란 소문이 돌았던 거 같아요.
"이 일들을 증언하고 이 일들을 기록한 제자가 이 사람이라..."
요 21:23
엄청 오래 살아서 그런 소문이 돌았나?
그쵸 그쵸, 가능한 얘기죠.
음... '사랑하시는 제자'가 '장로 요한'이다...
...라는 말을 그 파피아스 한 사람 글만 보고 믿기엔 좀...
뭐 다른 증거도 있긴 해요.
현존하는 최초의 신약 정경 목록인 '무라토리 단편'이라는 2세기 문서가 있는데요.
Ludovico Antonio Muratori (1672 - 1750)
내가 발견함.
그 문서에 기록된 요한복음에 대한 설명을 보면...

열두 제자인 안드레는 '사도'라고 부르면서, 요한복음 저자는 그냥 '제자'라고 불러요.[12]
"네 번째 복음서는 제자들 중 한 사람인 요한의 복음서다. ...사도들 중 한 사람인 안드레에게..."
사도 요한을 요한복음 저자로 생각했다면, 이런 구분을 짓는 건 불가능했겠죠?[13]
으음...
근데 '사랑하시는 제자'는 장로 요한일 가능성이 높다 쳐도...
요한복음 전체는 한 사람이 쓴 거 같지 않단 말이야... 편집 흔적도 많고.
어...
우웅
우웅
우웅
우웅
엄마
휴대전화
헉!

어,
엄마.
이노무
지지배가
지금이 몇 신데
안 들어와!!
일이
아직 안
끝나서...
무슨 놈의 일이
아직도 안 끝나?
취직했다고 아주 그냥.
옆에 상사 있어?
바꿔봐.
아, 아냐 엄마
이제 끝났어
끝났어!
아, 바꿔봐
빨리!
이런 건 얘기를
해야 돼.
저...
바꿔보라는
데요...?
어 괜찮아.
바꿔줘.
여보세요?
예 어머님,
안녕하세요.

예예
그럼요.
사페레는 식당 구석으로 가서
한참을 통화했다.
아니
뭔 얘길
하는 거야?
하하하, 예.
아닙니다
제가 뭘.
하하하-
제가 감사하죠
어머님.
뭐야, 저
화기애애한
분위기는...?
아 그럼요!
회사야 뭐 언제든
놀러오셔도 됩니다.

놀러오긴
뭘 놀러와??
!!!!
예 어머님,
예-
자.
끊으셨다.
......
나머지 얘긴
뭐 내일 하자고.
나도 시간이 이렇게
됐는지 몰랐네.
아...
네....

주

1. Richard Bauckham, 『예수와 그 목격자들』(새물결플러스 역간), 659.

2. 같은 책, 660.

3. 같은 글.

4. 같은 책, 671-673.

5. 같은 글.

6. 같은 글.

7. 같은 책, 44-45에서 재인용; Eusebius, 『교회사』 3.39.3-4.

8. 같은 책, 664-668.

9. 같은 글.

10. 같은 글.

11. 같은 글.

12. 같은 책, 678-682.

13. 같은 글.

Chapter

06

그게 무슨 하나님 나라예요?

엄마 아까 우리 상사랑 뭔 얘기 한 거야?
어? 아...
아니 사람 참 괜찮더라고, 그 상사분.
어??
그리고 니 칭찬을 어찌나 하는지.
아 우리 딸이 회사 에이스 라며?
에이스??
신입인데도 너 따라갈 동료가 없다면서, 따님을 어찌 그리 잘 키우셨냐고오~
좀 뿌듯했지 엄마가?
그러고 보니 그 출판사 이름도 못 들었네?
어디야? 직원분은 몇 명이고? 먹을 거라도 좀 보내드리게.
아... 그게...

일주일 전, 성경이 취업 직후.

그럼 주변에는 여전히 취업준비생이라고 하라고요?
그렇지.
아... 근데... 부모님한테는 이미 얘기했거든요.
뭐어?? 어디까지 얘기했니?
출판사 디자이너로 취직했다고... 어느 출판사인지는 아직 모르세요.
하아... 잠깐만 그럼...
혹시 다시 물어보시면 우리 교단 출판사에 취직했다고 해. 나머지는 내가 알아서 할게.

딸! 출판사가
어디냐니까?
아...
우리 교회가 속한
교단 있잖아.
교단 출판사야.
교단 출판사?
응응.
그리고 괜히
먹을 거 안 보내도 돼
엄마.
교단 출판사...?
주여어!!!
사페레

다음날 아침.
주여어어~!!!!
오늘도 통찰과 지혜를 오지게 허락하쇼셔!!!
아 시끄러워요!! 신앙도 없는 사람이 기도는 왜 하는 거야 대체?
어... 심리적 효과가 있거든. 너도 해봐.
ㅁㅊ... 완전 사이코...
절레
절레
아, 어머님 목이 안 좋으시더라?
뭐야? 그건 또 어떻게 알았어요?
어제 통화로 목소리 들었잖아.

사실 나도 기관지가 좀 안 좋아서 먹는 배즙이 있거든. 엄청 좋아!
배즙
우리 출판사 냉장고에 잔뜩 있다고 말씀드렸더니, 놀러 오고 싶어 하시더라고.
절대 안 돼!! 엄마가 아예 올 생각도 못 하게 만들어야 해!
저 인간의 좋은 사람 이미지부터 삭제해야…
허허허…
그래. 오늘도 야근 당해야겠다. 너는 이제 악덕 상사 고정 캐릭임. ㅇㅇ
12:15
OO일보
김다윗 목사, 1차 변론서 굴욕
592

주님...
주님...
✓추천순 최신순
CRK8****
애초에 개독 변론이 가능함?
2017-10-19 09:48:12
답글
144
17
ZUUU****
내 말이 맞다고 빼애애액!!!!!
2017-10-19 14:24:59
답글
105
9
bles****
나교회다니는데 솔까 창피하다
굳이 소송걸었어야했나?
89
5
이런 X...
하아...
시험 든다...
시험 든다...
김 목사!
어!
어 왔어?
장요나단 목사. 대형교회 목사 아버지의 후광으로,
김다윗 목사와 같이 유학을 다녀왔음에도
바로 서울의 한 중형교회 담임이 되었다.
아따,
니 얼굴이
와글노?
반쪽 됐네?
주여...
속상하제
요새?
그래 참...
그렇네 요즘.

안 그래도 그 얘기 할라꼬 왔다. 빙빙 안 돌리고 바로 얘기할게 마, 머냐믄…
교단 어른들이 이번 사페레 재판 변호를 내한테로 돌릴라고 하는 거 같다.
뭐? 그래서? 하겠다고 했어?
마 내가 하겠다고 했겠나? 김 목사 내 모르나?
첫 변론 좀 밀린 거 갖고, 교단 어른들이 조급해진 거 같드라.
지금 분위기가 그렇다 이 얘기다. 그니까 잘 하라고. 나도 속상하다 인마.

지희 사장
퇴근했드아!!
....
성경 씨,
요한복음
가즈아~!!
그래! 오늘도
열두 시 찍고
악덕 상사 가즈아!!
까톡
오후 6:25
김다윗 목사님
김다윗 목사님
퇴근하고 잠깐
들러라
오후 6:25
아...
여기 계속
계실 거죠?
응. 왜?
제가 저녁 약속이
있어서... 좀
다녀올게요.
어...
어 그래.

어떻게...
녹음은 좀 했니?
아...
목사님 아무래도
그건 좀... 못하겠어요.
불법이잖아요.
따지고 보면
너가 사페레 출판사에
그런 식으로 들어간 것 자체가
비윤리적인 일인데.
...네?

세상적으로 말야.
세상적으론 그런 목적으로
취직한 건 비윤리적이지.
아...
그러면
아니 그러니까
이건 다른 거라고, 성경아.
이 일을 자꾸 세상적인
기준으로 생각하지
말란 얘기야.
이건 교회를 위한,
하나님 나라를 위한
일이잖니?
핵구려...

핵.. 핵구려?
그러니까 목사님 말씀은... 하나님 나라를 위해서라면, 불법과 비윤리적인 행동도 상관없다는 거잖아요.
그런 거면.... 그게 무슨 하나님 나라예요?
성경아 말을 그런 식으로 하면...
그러네요. 재판 중에 상대 측에 첩자 심는 거...
비윤리적인 거 맞네요.
솔직히 취업 압박이 심했고... 거기다 하나님 나라를 위한 일이라고 해서...
별 고민 없이 덜컥 시작한 거 같아요.

저 그만둘게요.
아이고 성경아…
털썩
좀 다른 방식으로 재판에 도움이 되고 싶어요. 떳떳해야 하잖아요.
뭐가 그렇게 거리끼는 거니? 목사님은 떳떳하게 진정성을 가지고 이 재판에 임하고 있다.
주님을 위해서! 하나님 나라를 위해서! 단 한 번도 내 사적인 영광과 이익을 생각해본 적이 없어!
탁
탁

정말 떳떳하시면
왜 제가 부모님한테도
거짓말하게
하셨어요?
너
정말...
목사님 죄송하지만,
이 노트로...
도움이 되고 싶어요.
하아...
넌... 니가
뭐라고
생각하니?
지금, 신학도
전공 안 한
니 묵상노트를
이 중요한 재판에
사용하라 이거야?
너도 나
무시하니?

아,아니요
목사님, 그런 뜻이
아니에요!
그냥
가라.
주인에게 받은
한 달란트를
귀한 줄 모르고
땅에 묻어둔 종을 두고...
주님께선
'악하고 게으른 종'
이라 하셨지.
성경이 너가 바로
그런 종이구나.

먼저
가보겠습니다.
탁탁탁탁
탁탁탁탁
부우우우웅
윽...
부우우웅
흐윽...

터벅
어이! 천재!!
그새 무슨 일 있었나? 안색이...
절레
......

Chapter

07

요한복음이 쓰인 과정과 목적

요한복음
저자 얘기
마저 해요.
음... '사랑하시는 제자'는
장로 요한이었을
가능성까지 얘기했고...
빨리
끝냅시다.
하지만 요한복음 전체는
한 사람이 쓴 거 같지 않다,
편집 흔적이 많다. 그 얘기
할 차례죠?
어...
그렇...지.
이번 주에
회사 그만둘
거니까.
음... 성경 씨가 볼 땐 어때?
난 요한복음 편집자가 분명
존재했다고 보는데.
특히 결론
부분을 보면 말야.
요한복음 결론은
20장 끝에 나와. 아마 원래는
20장에서 요한복음이 끝났겠지.
"예수께서 제자들 앞에서
이 책에 기록되지 아니한
다른 표적도 많이 행하셨으나
오직 이것을 기록함은 ...
생명을 얻게 하려 함이니라"
요 20:30-31

하지만
21장 마지막 구절을 보면,
20장과 비슷한 결론이
다시 반복돼.
21장은 나중에
추가된 장이란
얘기지.
"예수께서 제자들 앞에서 이 책에 기록되지 아니한 다른 표적도 많이 행하셨으나…"
요 20:30
"예수께서 행하신 일이 이 외에도 많으니 … 이 세상이라도 이 기록된 책을 두기에 부족할 줄 아노라"
요 21:25

음…
뭐 신학자들 중에도
그런 부분을
인정하는 분들 많아요.

'사랑하시는 제자'가
장로 요한이라고 강력하게
주장한 보컴 같은 분은
편집 가능성을 박하게 보지만…[1]
장로 요한 혼자 다 쓴 거임. ㅇㅇ.
Richard Bauckham

브라운이나 컬패퍼 같은 분들은
요한복음이 몇 단계를 거쳐
완성되었다고 보거든요.[2]
편집 ㅇㅈ?
ㅇㅇㅈ.
Raymond E. Brown
R. Alan Culpepper

몇 단계를
거쳤다?
예를 들면
이런 거죠.

사랑하시는
제자
요한복음
실제 저자
편집자[3]

'사랑하시는 제자'는 목격자로, 요한복음 증언 내용의 자료를 제공했고.[4]
증언
'요한복음 저자'는 그 자료에 기초해서 요한 공동체의 신학적 해석을 담아 요한복음을 썼고.[5]
신학
증언
21장의 추가적 결말로 봐서는, '편집자'에 의해 요한복음의 최종 형태가 완성되었다. 요렇게.[6]
편집
신학
증언
호오? 괜찮은데? 아니 요한복음 후반부를 보면…
'사랑하시는 제자' 이 사람 말이 믿을 만하다는 보증을 자꾸 하거든.
"우리는 그의 증언이 참된 줄 아노라"
요 21:24
"이를 본 자가 증언하였으니 그 증언이 참이라"
요 19:35
사랑하시는 제자 본인이 본인 얘기를 보증한단 건 말이 안 되잖아.
그런 면에서도, 별도의 저자와 편집자를 가정한 그 3단계 저작설 맘에 듦.

오오...
좋아 좋아...
...갈수록 더
헷갈린다.
사페레가 정말
성경을 증오하는
인간인지...
아니면...
뭔가에
목마른
사람인지.
왜 나랑
이런 얘기를 계속
하고 싶어 할까?
그러고 보면 참...
신학자들도 단계적 저작 인정하는 판에,
김다윗 목사는 뭘 요한복음이 역사성이
있다고 고집을 부리는 건지 원.
그렇다고 아예
허구로 보긴 힘들죠.
'사랑하시는 제자'라는 인물의
증언을 바탕으로 쓰인 거니까.

그리고 사실,
요한복음 자체가
무슨 역사책을 목표로
쓰인 게 아니에요.
어엉?
그럼... 뭔 목적으로
쓰인 거란 말이니?
신학.
신학?
뭐랄까...
요한복음 스스로
하고 싶은 얘기가
되게 뚜렷하달까?
호... 그래서 그런가?
요한복음이 특이했던 점이,
화자가 예수의 말만
전달하는 게 아니라...
예수의 속마음이 뭔지도
막 꿰뚫고 있더라고![7]
"바리새인들이
들은 줄을
주께서 아신지라"
요 4:1
"자기를 팔 자가
누구인지 아심이라"
요 13:11
"예수께서
그 묻고자 함을
아시고"
요 18:4

뭐, 처음부터 엄청 전지적 시점에서 쓰고 있으니까요.[8]
예수가 성육신한 말씀이고, 처음부터 존재했던 하나님이라고 1장부터 대놓고 밝히면서 시작하잖아요.
맞어, 그랬지.
그래서 제가 볼 때 요한복음에서 '사랑하시는 제자'는
단순히 어떤 사건들을 목격한 증인 역할을 넘어서서,
제가 봤어요! 사실이에요!
그 사건들 이면의 진정한 의미를 본 사람으로 제시되는 거 같아요.[9]
여러분은 봤어도 보지 못했을 것입니다.
여러분이 예수를 실제로 목격했다고 할지라도, 아마 아주 상식적인 것만 보거나, 전체적인 의미를 놓치셨을 테죠.[10]

그러니
요한복음의 세계로 들어오셔서
'진정한 증언'을 한번
들어보실래요?
THE GOSPEL ACCORDING TO JOHN
진정한 구라
한번
들어보실래예?
깝죽
깝죽
...
때리고
싶다...
아니 그래서...
그 진정한 증언
이란 게 고작
예수는
신이라고
우기는 거임?
솔직히, 그나마 공관복음에
있는 윤리적 교훈도
요한복음에선 찾아보기 힘들고.
내 샅샅이 뒤져봤지.
윤리?
윤리?
윤리?
윤리?
기껏해야
'끼리끼리 사랑하라'
정도?
끼...
끼리끼리
사랑하라...?

예수의 제자들끼리, 교회 다니는 인간들끼리 잘 '하나되고', '사랑하라'는 거.
요한복음에서 말하는 "서로 사랑하라"는 게 그 얘기 아님?
이번 소송 두 번째 쟁점이 그거야.
'요한복음은 보편적인 윤리 규범을 제공하지 않고, 배타적인 종교 성향으로 이끌며'
요한복음
'결과적으로 기독교인에 의한 여러 사회적 폐단을 종용하는가?'

세상적으로 말야.
세상적으론 그런 목적으로
취직한 건 비윤리적이지.
아...
그러면
이건 교회를 위한,
하나님 나라를 위한
일이잖니?
끼리끼리 배타적으로
사랑하고...
하나님 나라를 위한답시고
윤리와 법규도 무시하고...
그렇다니까.
교회가.
그게 정말
요한복음
때문일까요?

요한복음이 정말 그런지 아닌지는... 배경 정보들을 좀 짚어봐야 할 거 같아요.
......
1. 당시 요한 공동체가 처했던 상황
2. 요한복음이 타깃층으로 삼은 당시의 독자들
요런 정보들을...
오... '어떤 상황'에서 '어떤 독자'를 염두에 두고 쓰였는가?
네네.
어떤 상황 이었을라나...?
너는 더 이상 유대인이 아니야.
....어엉?
'너는 더 이상 유대인이 아니야' 이게 요한 공동체가 처했던 상황이에요.

유대인?
아... 맞다, 원래
초기 기독교인들은
대부분 유대인들
이었지.
네,
회당에도 계속
나갔었고요.
그런데 기원후 70년
로마에 의해 예루살렘 성전이
무너진 이후의 유대교는,
얌니아라는 곳에서 바리새파를
중심으로 재정비되는데요.[11]
지중해
얌니아
예루살렘
사해
유대인들의 '18가지 축복 기도문' 중
12번째 것이 아마도 그 시기에
수정된 걸로 추정되는데...[12]
9.
10.
11.
12.
13.
14.
15.
내용이... 살벌해요.
여기서 '나사렛인'은
나사렛 예수를 믿는 이들을
지칭하는 거 같고요.[13]
"배교자들에게는
어떤 소망도 없게 하시고
... 나사렛인들과 이교도들이
일순간에 멸망하도록 하시고, 그들을
생명책으로부터 지워버리셔서 ..."
......
예수가 자기 제자들이
회당에서 쫓겨날 거라고 했던
예고대로... 실제로 그런 일들이
일어났던 거 같아요.
"사람들이 너희를
출교할 뿐 아니라 ..."
요 16:2

게다가 유대인들의 회당은
단지 종교적인 공간만이 아니라,
지역 사회 공동체였기 때문에...[14]
공적 기도, 예배
구제, 재무 행정
재판, 형 집행
회당에서 출교된다는 건
자신의 지역 사회로부터
배제와 차별을 받을 수 있는
상황에 놓인단 걸 의미했어요.
배교자
너는 더 이상
유대인이
아니야...
그렇구나...
너는 더 이상
기독교인이
아니야...

네에??
쏴아아
쏴아아

주

1. Richard Bauckham, 『예수와 그 목격자들』(새물결플러스 역간).

2. Raymond E. Brown, 『요한복음 개론』(CLC 역간); R. Alan Culpepper, 『요한복음 해부』(요단 역간).

3. Raymond E. Brown, 같은 책, 251-259; R. Alan Culpepper, 같은 책, 80.

4. 같은 글.

5. 같은 글.

6. 같은 글.

7. R. Alan Culpepper, 같은 책, 42-45.

8. 같은 글.

9. Northrop Frye, *The Critical Path*, 146-147; R. Alan Culpepper, 같은 책, 53-54에서 재인용.

10. 같은 글.

11. Helmut Koester, 『신약성서 배경연구』(은성 역간), 650-653.

12. George R. Beasley-Murray, 『WBC 요한복음』(솔로몬 역간), 53-54.

13. 같은 글.

14. Richard A. Horsley, 『갈릴리: 예수와 랍비들의 사회적 맥락』(이화여자대학교출판부 역간), 223-231.

Chapter

08

진심을 느껴본 적

제가 형제님
위해서...
기도 마-이
했습니다.
지혁 형제님의
분노의 영에 사로잡힌
그 마음을 좀 돌이켜서,
주님을 보게 해달라고.
죽은 사람이 아니라,
살아 있는 우리 주님의
역사를 보게 해달라고.

아아아아아악!!
자, 작가님!
덜걱
덜걱
덜걱
사페레
작가님!!
탁탁탁탁
탁탁탁
뭐야…
갑자기
왜 저러는
거지…?
엄청
빠르네…

하지만 다음날도, 사페레는 성경이에게
말을 건네지 않았다.
그다음날도.
그다음날도.
저기… 괜찮으세요?
혹시 무슨…
어- 노 프라블럼. 신경 쓰지마.
신경 쓰이게 하지를 말든가 그럼…

사페레의 닫힌 입은, 2차 변론에서조차 열리지 않았다.
두 번째 쟁점입니다.
요한복음은 보편적인 윤리 규범을 제공하지 않고, 배타적인 종교 성향으로 이끌며
결과적으로 기독교인에 의한 여러 사회적 폐단을 종용하는가?
네, 사실… 사실 이 부분이야말로 사페레의 가장 큰 오해이며 억측입니다.
물론 요한복음에서 예수님은 세상을 악하다고 하시고, 어둠이라고 부르긴 합니다만…
세상에 악이 없습니까? 우리가 어둠이라고 부를 만한 비윤리적인 죄악들이 존재하지 않습니까?

그리고 요한복음에 윤리가 없다니요? "서로 사랑하라"라는 유명한 구절이 담긴 것이 요한복음인데!
"서로 사랑하라"는 예수님의 명령은, 모든 윤리적 내용들을 다 압축하고 있는 겁니다.
사페레 측, 하실 말씀 없으십니까?
......
판단을 내리기에 좀... 충분치 않습니다. 다음 변론에서 재개하겠습니다.

아니, 판사님
사페레 측이 전혀 반박을
하지 못했는데도요?
김다윗 목사님 주장의 근거가
추상적입니다. "서로 사랑하라"는
명령에 모든 윤리적인 내용이
들어 있다는 주장에 대한
구체적인 근거가 있습니까?
있으면
다음 변론 때
가지고 오세요.
"오랫동안
당신을-"♬
어...
이 찬양
뭐였지?
"오랫동안
당신을
주로 부르고-"♬

"오랫동안
당신을
주로 부르고-"♬
므어어....♬
아 뭐야
기억이 안 나!
주님...
사페레는 대체
왜 그러는 걸까요?
우웅
미영언니
휴대전화
우웅

네 언니!
성경아 너 정말 회사 그만뒀니? 목사님한테 얘기 들었는데.
아, 아직... 회사에 얘기는 안 했어요.
그렇구나... 너도 많이 힘들었겠지. 근데 목사님도 너한테 되게 미안해하시더라고.
아... 네....
아 언니! 이 찬양 기억나요?
"오랫동안 당신을 주로 부르고-"♬
"왕으로 부르고-♬
힘껏 경배했지만" ♬
"나는 아직도 당신을 모르네요- 닿지를 않네요-"♬

"제 손
잡고 있나요"
~~♬
맞다
이거다!
그래, 유지혁 씨
찬양이잖아.
김 목사님이
미국에서 오시기
전에, 우리 찬양팀
할 때 생각나네.
맞아요, 유지혁!
그분이 쓰신 곡들
되게 독특하고
좋았는데
앨범 딱
한 장 내고
사라지셔가지고...

좀 달랐어요 그분 찬양은. 되게 진솔한 느낌?
음... 그랬던 거 같아.
말씀과 주님 앞에서 뭔가...
진심으로 반응하는 거 같았어요.
본인 색채가 뚜렷했지.
아, 김 목사님 2차 변론 소식은 못 들었지?
아, 네!
사페레가 이번엔 김 목사님 얘기에 반박을 하나도 못했어! 분위기 대반전!
와! 잘됐네요.
못한 걸까? ...안 한 걸까?
대체 왜......?
그리고 성경아 회사 그만두는 것도 좀 더 기도해보자. 니 맘 이해하지만...

오늘은 내가
일등인가...?
으악!!!
쿠우-
쿠우-
뭐야...
여기서 잔 거야?
술 처마시고?
아오
술냄새...

저기요.
저기요.
쿠우-
쿠우-
큰일났네...
사장님 오시면
난리날 각인데.
으릇등안....
딩시늘...
즈로
브르고....
왕으르
브르ㄱ......
뭐, 뭐야
지금?
아 언니!
이 찬양
기억나요?
"오랫동안
당신을
주로 부르고-"♬

"왕으로
부르고-♬
힘껏
경배했지만"
♬
어떻게
알아...?
흠끗....
긍배홋즈ㅁ....
쿠우...
사페레가
어떻게 유지혁 씨
찬양을 알아??
야!!!
사페레는 순간, 살기를 느끼고
잠에서 깼지만.
어어..
지희 씨의 난타로부터 자신을
지키지는 못했다.
이 정신 나간
작가 나부랭이가!!
아악!
퍽
퍽
회사에서
술이 떡이 되서
처 자??

며칠째 아무것도 안 하고 있으신 거 알아요?
뉴스 보니까 2차 변론 날도 아무 말도 안 했다 그러고...
그럴 거면 저랑 뭐하러 요한복음 얘기 나눈 거예요?
......

저 회사
그만둘 거예요.
어?
...왜?
저
기독교인
이에요.
교회 다닌다고 하면
여기 안 뽑아줄 거
같아서...
거짓말했어요.
갑자기 저
다르게 보이죠?
가증스럽죠...?

......
거짓말한 건
좀 별로긴
한데...
근데 딱히
기독교인이건 말건
상관 있나?
성경 씨는
성경 씨지.
나도
교회 다녔었어.
찬양 인도도
했고.
네에?
교회...... 거기서는
사람들에게 진심을
느껴본 적이 거의 없어.

서로 사랑하라…
그들에겐 사랑도 사역이었지.
날 바라보고 있지만, 사실은 나를 보는 게 아니라 내 너머로 본인들의 신앙을 보고 있는 느낌.
난 그들 자신의 훌륭한 신앙 생활을 위한 목표 아이템 중 하나였지.
나를 사랑하는 게 아니라…
나를 대상으로 자기 신앙 생활을 하는 거야.
그들이 가장 사랑하는 건 본인의 '신앙 생활'인데, 어떻게 그들과 진실한 친구가 될 수 있겠어?
친구도 되기 전에 어떻게 형제, 자매가 될 수 있겠어?

뭐, 애초에 친구도, 형제도 아니었으니까 그렇게 날 버리고 포기할 수 있었겠지...
무슨 말이에요 그게??
...여동생이 있었어.
교회에서 죽었어.
네에...?

Chapter

09

사페레의 5년 전 그날

무너져가는
한국교회의
살 길은
결국
청년입니다.
주님께서는 저희
서울서양교회가
청년, 학생들을 위한
예배, 문화, 교육을
감당하도록
다차원적,
미래지향적
공간으로
YOUTH RIVIVAL CENTRE
이 '유스 리바이벌
센터'를 짓도록
인도하셨습니다.

다음달 부활주일에 맞춰서 완공이 되고요.
부활주일 오후에, 세계적인 규모의 '글로벌 청년 부흥 컨퍼런스'가 바로 저곳에서 열립니다. 할렐루야!
아멘-!
안타까운 소식입니다.
ECBC NEWS
오늘 오후 3시경에
서울의 한 대형교회 신축 예배당 천장이 붕괴하는 사고가 일어났습니다.
서울 모 교회 신축 건물 천장 붕괴 사고, 교인 4명 사상
이 사고로 해당 교회의 행사를 준비 중이던 대학생 1명이 숨지고, 3명이 크게 다쳤습니다.
출입통제 FIRE LINE
출입통제 FIRE LINE
출입통제 FI

성도
유지수
아이고 지수야아!
지수야!!

교회에서
장례 비용도
대주고.
무너진
천장도 금방
고쳐지고.
수습은 진짜
금방
되더구만.
수습되자마자
글로벌 청년 부흥
컨퍼런스는 기어코
진행하더라고.
나도 예정대로
찬양 인도자로
섰고.
그게 또
하필 부활주일
이었네.
나- 나나
나나나나-
나- 나나
나나나나-

아무 생각이 없어야만 했어.
나- 기뻐하리-
나- 기뻐하리-
무슨 생각이라도 하면... 도무지 견딜 수 없을 거 같았거든.
나 기뻐하리, 나 기뻐하리, 그냥 입이 지 알아서 부르도록.

천장 붕괴는 당시엔 부실 시공으로 밝혀졌고
건축 맡으신 교회 집사님만 벌금형 받고 끝났는데.
그 집사님이 그 뒤로 얼마 안 가서 교회를 떠나셨어.
근데 떠나신 뒤에 그분이 나한테 연락을 주시더라고.
사실 지혁 형제 얼굴 볼 면목이 없는데... 내 고백할 게 있어서 보자 한 거예요...
그 유스 리바이벌 센터...
구청에서 준공 검사 때 현장 확인 안 했어요.

서류로
처리해버린 거야.
급하게.
그렇게 못 하게
내가 막았어야
했는데...
그게 지금
너무 후회가
되고...
괴롭습니다.
급할 이유가...
있었나요?
담임 목사님이
그 글로벌 청년 부흥 컨퍼런스
일정에 맞춰서 공사 끝내야
한다고 하니까...
나도
좀 급했고...
그 구청장도
우리 교회 사람이잖아.
담임 목사님 부탁대로
확확 처리한 거지.
나는 처벌을
받았지만, 좀 솜방망이
처벌을 받은 게
아닌가 싶고.

현장 확인 안 한 거, 이거는 사실 말이 안 되는 거거든요.
그래서 담임 목사님 한테도 얘기 했어요.
저 용감하게 얘기했어요. 우리가 글로벌 행사에 무리하게 건축 일정 맞추느라, 우리 욕망 때문에 이런 일이 일어났다.
그러니 목사님도, 구청장도 잘못을 시인하고, 다 깨끗하게 밝히고, 함께 책임을 져야 된다.
이게 정말 하나님 일이라면, 하나님 나라의 일이라면, 그래야 한다.
YOUTH RIVIVAL CENTRE
그게 하나님 보시기에... 합당할 거 같다...

그 집사님은 담임 목사한테 그러고 나서...
교회에서 제명됐다고 하더군.
네? 제명이요?
말씀해주셔서 감사드립니다.
지혁 형제님 내 이 얘기 왜 했냐면요
형제님도 그냥... 그 교회 나오시라고요.
거기 계속 있으면 지혁 형제님 더 많이 상처받으실까 봐 너무 걱정이 돼요.
아뇨, 공동체를 두고 그냥 나올 순 없습니다.
집사님 말씀하신 대로 하나님 보시기에 합당한 일을 교회가 할 수 있게 해야죠.

공동체의
형제, 자매들이
함께 해줄 겁니다,
집사님.
그러고 나서...
우선 찬양팀 내에서만
집사님이 해주신 얘기를
나눴어.
다들 놀라고,
어쩔 줄을 몰라 했지.
얼마나 힘들까.
너무 마음이
아파...
무슨 그런!
아 너무
열받는데?
기도가 필요하겠다 정말.
우선은 모든 기도를 여기 좀
같이 집중해야 할 거 같아.
그래 맞아.

감정적으로 너무 치우치면 하나님의 의를 이루지 못해.
그래 솔직히… 감정적으로 지금 힘든데… 평우 말이 맞는 거 같아.
아… 순간 빡쳤는데 바로 또 회개가 되네.
……
지금 지혁 형제를 위해 필요한 말씀이 뭘까? 각자에게 주시는 말씀이 있으면 좀 나눠봐도 괜찮을 거 같아.
말씀을 나누기 시작하더라고.
방금 현경 자매가 나눈 말씀이 너무 위로가 된다.

정말 사람에게 의지해선 안 되는 거 같아. 자꾸 사람에게 소망을 두니까 분노하고, 절망하고...
으아... 딱 나네. 딱 나야. 주여...
얘네 지금 뭐하고 있는 걸까...
나를 위한답시고 모여서는
결국 그 순간조차도 본인들이 은혜받고 위로받는 데에 천착하더라고.
그래서 그때 그런 생각이 들었어.
신앙 생활이란 결국 자기만 바라보는 거구나.
아주 지독하게 자기 자신만 바라보는 거구나.

저... 잠깐만
얘들아.
나는 다른 것보다,
우리 교회가
하나님 보시기에
합당한 방식으로
이 일에 대응할 수
있었으면 해.
그래서 너희한테
박 집사님께서 해주신
그 얘기를 나눈 거고.
담임 목사님과 구청장이
잘못을 시인하고 회개하실 수
있게, 우리가 뭔가 도울 수
있다면 좋겠어.
그래 맞아...
나도 인간적으론
그런 마음이 들어.
너무 잘 이해가 돼.
하지만
담임 목사님의 일은...
하나님께서 하실 거야.

나도 동의해. 그 문제는 하나님과 목사님 사이의 일이니까.
끄덕
끄덕
......
착한 애들이었어. 그 찬양팀 애들.
그냥 그들이 배운 신앙이...
한 사람의 고통을 교묘하게 내팽개칠 수 있게 작동했던 것 뿐이야.
아무튼 난 결국 혼자 나섰고.

목사님
유스 리바이벌 센터
건축 문제를
교회를 위해
깨끗이 밝혀주세요!
담임 목사는
내가 목소리를 낸 지
3개월 만에
나를 보러 와줬어.
제가 형제님
위해서...
기도 마-이
했습니다.
지혁 형제님의
분노의 영에 사로잡힌
그 마음을 좀 돌이켜서,
주님을 보게 해달라고.

죽은 사람이 아니라, 살아 있는 우리 주님의 역사를 보게 해달라고.
박 집사님께 얘기를 들었습니다.
목사님, 교회를 위해서라도 건축 과정에서의 문제를...
그냥 기독교인 하지 마세요.
기독교인은 이렇게 안 합니다.

기독교인이라면
이런 식으로
안 합니다.
그래 거기가
엔딩이었어.
기독교인으로서의
내 삶은.
누구한테
이런 얘기 풀스토리로
들려준 건 또
처음이네.

그리고, 회사
그만두겠다는 건
잘 생각한 거야.
성경 씨 신앙 생활
잘하려면
나랑 가까이 있는 거
아주 안 좋을 테니까.
터벅
저한테 풀스토리
들려주신 건
잘 생각하신
거예요.

제가 사페레 작가님
옆을 떠나기
싫어졌으니까.
저런.
최악의 선택을
하려 하는군.
유지혁 씨
맞죠?

Chapter

10

요한복음의 배경과 상황, 그리고 개인의 의미

믿기지가 않아요. 내가 좋아했던 찬양 사역자가 그런 일을 겪었다는 게...
화가 나요. 너무 슬퍼요.
남들에게 믿음 잃으라고 외치는 사페레 작가 이전에 이미...
교회에 의해 믿음 잃으라고 등 떠밀린 유지혁이 있었네요.
저 이대로는 아무것도 못할 거 같아요.
기독교 신앙이 정말 그 정도밖에 안 되는 건지.
서로 사랑하라는 말이 고작 그 정도인 건지.

되든 안 되든
요한복음으로
끝까지 가봐야겠어요.
아이고...
그러다가 정말
그 정도밖에 안 되는
거라고 확인하면
어쩌려고?
신앙
버리게?
최악의
선택이라니까.
신앙
안 버리셨잖아요.
뭐...?

못 버리겠으니까
화가 나는 거잖아요.
지독스레 미워진 거잖아요.
아녜요?
어이 어이!
니가 뭘 알아!
작가님 방송, 책들,
성경으로부터 해방.
그거 솔직히 사람들 앞에서
하는 거 아니잖아요.
형제, 자매라고
부르던 사람들
다 잃고서.
단 하나 남은
그 존재에 대고
묻고 있는 거잖아요.
하늘에 대고
피켓 든 거잖아요.

아녜요...?
......
같이 한번...
가봐요.
넌 분명히
후회할 거야.
상관
없어요.
상관없다...

오케이.
그 정도면
계속 동료해도..
되겠드어억!!
이제 우리의 믿음의 용사의 신앙은
교차점에 놓였다.
어...
괜찮으세요?
아, 손...
너, 뼈
때렸어...
성경과 현실 사이의 접점에서,
하늘과 땅 사이의 접점에서

길을 찾아야 했다.
요한복음 뒷조사
두 사람은 칼퇴 후, 중단되었던 이야기를 이어갔다.
요한 공동체가 당시 놓였던 상황... 까지 얘기 했었지 아마?
네, 그 얘기 하던 와중에 경기 일으키고 도망가셨잖아요.
내가 왜 경기를 일으켰지...?
헐... 기억 안 나세요?
'너는 더 이상 유대인이 아니야' 그 말에 감정이입 하시다가 난리 치신 거잖아요.

맞다.
감정이입 되실만 했죠. 작가님 과거 생각하면...
그래, 요한 공동체 걔네도 자기가 속했던 집단으로부터 배제된 사람들이라며.
네네.
배교자
그리고 유대교 회당에서 배제된다는 건 로마에 의해 처벌될 상황에 놓인단 의미이기도 했어요.
어? 그건 또 왜 그렇지?
유대교는 로마한테 존중받았기 때문에, 일단 유대인으로 간주되면 기독교인이라 해도 문제될 건 없었거든요.[1]
하지만 회당에서 출교됨으로 '더 이상 유대인이 아니게' 되어버리니까, 황제 예배에 참석하지 않는 것이 법적 문제가 된 거죠.[2]
콰악
잡았다 요놈!
하... 그럼 뭐 기독교인들을 회당에서 출교시키는 건 거의 간접적으로 로마에 넘기는 거랑 다름없는 일이었네?[3]

열 받았겠네,
동족인 유대인들한테.
완전 빡쳤겠어.
그랬겠죠.
요한복음에 나오는
유대인들을 향한
심한 말들은…
그런 분노가
반영된
결과일 수도
있을 거 같아요.[4]
"너희는 너희 아비
마귀에게서 났으니…"
요 8:44
말이라는 게
상황과 맥락에
따라서 의미가
다르잖아요.
배제와 공격을
당했던 비주류의
언어들을…
힘과 영향력을
가진 주류가
그대로 쓰면
폭력이 되는 거죠.
배교자
야이, 마귀의
자식들아…
질질질~
유대인들은
마귀의 자식들!
탕
탕
오…
묘하게
설득되네?
훗
아냐. 그래도 난
요한복음의 그런
적대적 언어들에 대해
정상참작 못 해주겠어.
아, 누가
정상참작
해달래요?

상황과 맥락을 고려한 '다시 읽기'가 필요하다는 거죠.
요한복음 메시지의 핵심에 더 다가가려면.
그래서 내가 "서로 사랑하라"를 '끼리끼리 사랑하라'로 다시 읽어줬잖아.
깝죽
깝죽
이런 젠장...
자자, 상황을 봤으니 이제 전체 맥락을 좀 살펴보자고요. 강조점이 있거든요.
강조점?
네, 몇 가지가 있는데...
우선 요한복음은 '개인'을 되게 강조해요.
개인?

어? 뭐야?
아니, 요한복음도 1-2세기 고대 문헌인데...
집단주의적이었던 고대 사회에서 개인을 강조했다? 말이 됨?
그래서 독특하다는 거죠.

신약학자 보컴은 요한복음에서 개인과 예수의 관계에 대한 말씀들이 많이 발견된다고 해요.
1 : 1
"이는 그를 믿는 자(단수)마다 멸망하지 않고 영생을 얻게..."
요 3:16
"...사람이(단수) 내 말을 지키면 영원히 죽음을 보지 아니하리라"
요 8:51
이런 형태의 말씀들이 요한복음에 67번이나 나와요.[5]
그러네. 믿는 자, 사람이... 다 단수로 쓰인 구절들이구만.
그쵸?
다른 복음서들에서는 '우리'에게 임할 하나님 나라를 더 강조하거든요.
"...너희를(복수) 위하여 예비된 나라를 상속받으라"
마 24:34
"하나님의 나라가 너희에게(복수) 가까이 왔다 하라"
눅 10:9
호오...
MP3 REC
녹음중

그러고 보니 요한복음에선 '하나님 나라'라는 말보단 '영생'이란 말을 더 자주 쓰는 듯?
오, 맞아요.
구원의 우주적 차원을 강조하는 공관복음서에 비해,
요한복음은 예수 믿는 일이 각 개인의 결단이라는 걸 더 강조하는 거죠.[6]
마태
마가
누가
요한
물론 요한복음도 '선한 목자와 양들', '포도나무와 가지들' 같은 이미지로 공동체를 분명히 전제하고 있지만,[7]
거기서도 선한 목자는 양을 불러낼 때...
"...그가 자기 양의 이름을 각각 불러 인도하여 내느리라"
요 10:3
양의 이름을 하나하나 불러주거든요.[8]
양의 이름을 하나하나... 각각...

포도나무 이미지에서도, 각 가지가 열매를 맺느냐, 말라버리느냐의 여부는
각 가지와 나무의 관계, 즉 개인과 예수의 관계에 달려 있는 것으로 나오고요.[9]
흠...
그럼 개인과 예수의 관계가 어떠해야 하는데?
예수의 계명을 지키는 관계.[10]
"서로 사랑하라"로 수렴되는 계명 말예요.[11]
"...너희도 내 계명을 지키면 내 사랑 안에 거하리라 ...내 계명은 곧 내가 너희를 사랑한 것 같이 너희도 서로 사랑하라 하는 이것이니라"
요 15:10, 12
...서로 사랑하라.

흠…
요한 공동체에게
그 말은…
유대교 사회와
가족으로부터 배제당한
그들에게
"서로 사랑하라"는 말은…
서로를
포기하지 말라는
말과 다름없었겠네.
고대 사회에서
집단으로부터 배제되어
사는 건, 우리의 상상 이상
으로 힘들었겠지만…
그래… 오히려 그래서
각 개인이 예수를 통해서만
직립해야 할 필요성을
더 느꼈을 거고.

그 선한 목자의
본을 따라...
한 사람 한 사람의
이름과 인격을 소중히
대하면서...
그렇게
서로 사랑하는
공동체를
이루려 애썼겠구만.
야,
왜 울어?
아, 안 울어요.
그냥...
그냥 작가님한테...
미안해서요.
교회가
요한복음이 말하는
그런 공동체였다면
작가님을 그렇게
포기하지 않았을 텐데.
저도
다를 바
없었을 거
같아서...
정말
미안해?
아, 그렇다니
까요.

그럼 이 카페
당근 케익이
그렇게 맛있다던데
하나...
응, 안 돼.
당근 케익도
못 사주는
서로 사랑
따위!
씩
씩
자,
요한복음의
다음 강조점으로
넘어가죠.
금방
저녁 먹을
건데 무슨...
사페레
예,
대표님!
맹희 씨,
지난주에 인터뷰한
잡지 있잖아.
직원들 사진 좀
보내달래.
맹희 씨 사진
잘 나온 거랑,
성경 씨 사진은
SNS에서 괜찮은
거 찾아서 보내줘.
좀 급해서.
네네!

성경 씨가
친구였던가...?
딸깍
딸깍
오, 다행이다.
보자...
사진탭에서...
이성경
친구
타임라인
정보
친구
사진
딸깍
...어?
이성경
성경퀴즈대회 1등먹음ㅋㅋㅋ
좋아요
댓글달기

주

1. Raymond E. Brown, 『요한 교회의 신앙과 역사』(한국장로교출판사 역간), 46-47.

2. 같은 글.

3. 같은 글.

4. 같은 글.

5. Richard Bauckham, 『요한복음 새롭게 보기』(새물결플러스 역간), 35-36.

6. Richard Bauckham, 같은 책, 34.

7. Richard Bauckham, 같은 책, 39.

8. 같은 글.

9. 같은 글.

10. Richard Bauckham, 같은 책, 40.

11. 같은 글.

Chapter
11
요한복음의 서로 사랑하는 공동체

성경 씨 옆에
이 사람...
사페레 작가님이랑
소송 중인
그 김다윗 목사잖아?
김다윗
아, 뭐야.
그럼 무슨
상황이야,
이거?
성경 씨...
첩자인 거야?
쳇..
암튼 그래서
요한복음의
다음 강조점이
뭔데?

하나된
공동체.
하나된
공동체?
네...
동작
따라하지
마...
우선,
키가 되는 구절은
이거예요.
"...아버지께서 내 안에,
내가 아버지 안에
있는 것 같이
그들도 다 하나가 되어
우리 안에 있게 하사..."
요 17:21
예수가
한 말임?
네.
기도 장면
인데요.
예수와 하나님 아버지가
하나인 것처럼,
신자들도 하나가 되기를
기도한 거예요.
아. 예수가
"나와 아버지는 하나다"
라고 대놓고 얘기한 게
요한복음이었지?[1]
오, 맞아요.
그래서 유대인들
한테 돌 맞을 뻔...

예수와 하나님 아버지가 하나인 것처럼, 신자들도 하나된다라...
뭔 말인지...
뭐 어떻게 하나가 된단 거지?
으음... 일단 요한복음에 따르면...
하나님 아버지와 예수 사이의 사랑이
신자들 공동체 안에도 있음을 통해서요.2
흠....
"...나를 사랑하신 사랑이 그들 안에 있고 나도 그들 안에 있게 하려 함이니이다"
요 17:26
그러니까, 신자들의 '서로 사랑'은 '하나님 아버지와 예수의 사랑'을 나타내야 한다?
네. 그리고 요한복음은 그러한 하나됨이 향해야 할 방향을 얘기해요.
방향?

세상.
요한복음의 예수는 신자들이 서로 사랑하고 하나되는 것을 통해서
세상이 하나님의 사랑을 알게 되기를 기도해요.[3]
세상.
그러니까...
예수 믿는 자들이 얼마나 서로를 진심으로 대하고, 한 사람 한 사람을 소중히 여기는지에 따라...
세상이 '하나님의 사랑'을 경험하게 될 거라는 거죠.
"하나님이 세상을 이~이처럼 사~랑하사~"♬
아우 깜짝!

이 찬양이 그거잖아. "요~한복음 삼장 십육절~"♬
네네 맞아요.
유치부 추억 돋네 ㄷㄷㄷ
그래 그게 요한복음 구절이었지...
하나님이 세상을 이처럼 사랑하사...
그럼 요한복음에서 신의 사랑이 궁극적으로 향하는 곳은 '세상'이네?
그러네요.
그리고 신자들은 공동체를 통해 그 신의 사랑을 나타내야 한다며?
네.
근데 왜 지금 교회는 기를 쓰고 세상을 등지려 하냐?

관심이 하나님의 사랑 보다는 딴 데 있어서 그런가...
지금의 교회라는 거울에는, '하나님과 예수의 사랑'이 비춰지는 게 아니라
교회의 '교인 수' 유지와 확장을 향한 노골적인 욕망이 비춰지고,
확장!
건축!
세습!
개인의 훌륭한 '신앙 생활' 유지를 위한 자폐적인 욕망이 비춰지고 있잖아.
신앙 생활 잘할 거야...
왜... 이렇게 됐을까요?
어쩌다가 교회는 요한복음이 말하는 것과는 동떨어진 모습이 된 걸까요...?

요한복음의
메시지들을
발견해가는 건
참 좋은데...
한편으론
그런 생각도
들어요.
정말 이렇게
바뀔 수
있을까?
왜냐면
저부터
틀려먹었거든요.
저도 세상 등지고
남들, 이웃들보다
제 신앙 생활이
최우선이었어요.
상식적으로
뭐가 윤리적이고
비윤리적인지
분간도 못 하고...
이것이....
제게 예비하신
직장인가요?
하나님 나라가
뭔지도 모른 채
하나님 나라를
위한답시고...

최악이야...
저...
성경 씨.
네?
나한테
성경 씨는...
...?
아...아니야.
아, 뭐야.

바,밥 먹으러
가야겠네!
아, 뭐냐고오!!
뭔데요?
왜 말을
하려다 말아요?
탁탁탁
탁탁탁
저녁 뭐 먹고
싶니?
탁탁탁
아, 말 돌리지
마요!!
탁탁탁

에끌식당
달칵
달칵
달칵
달칵
성경 씨는
내 발을 씻어준
사람이야.
푸읍

아... 성경 씨... 더러...
그니까 왜 그런 말을 갑자기 하고 그래요!!
진심인데.
달칵
제일 어두운 밑바닥을 드러내 보일 때까지 내 얘길 들어주고.
계속 얘기 나눠주려 한 사람은...
성경 씨가 유일하니까...
아.
나 성경 씨랑 해보고 싶은 게 생겼어.

요한복음이 말하는
그런 공동체를
우리끼리 먼저 해보는
거야.
그런
공동체라면…?
뭐…
서로 사랑하는
공동체…겠지?

주

1. 요 10:30.

2. Richard Bauckham, 『요한복음 새롭게 보기』(새물결플러스 역간), 82, 89.

3. Richard Bauckham, 같은 책, 89-91; 요 17:22-23.

Chapter

12

요한 공동체와 성육신의 의미

아…
말을 해놓고
보니 좀…
네? 뭘…
왜, 왜요?
아니 그러니까
매우 요한복음적인
공동체를 해보자는
거지, 내 말은.
아, 설명
안 해도
알거든요?
젠장 왜
얼굴은
빨개져
가지고!
요한복음에는
열두 제자 명단이
명시적으로 안 나온다는 게
난 좀 의미심장했거든.
음…
그게 왜요?
초기 교회에서
열두 제자들은
상당한 권위를 가진
'사도들' 아냐?
그쵸.
근데 복음서 중에서
요한복음에만
그 명단이 생략되었단 건,
뭔가를 말해주는 거 같지 않음?[1]
마태
12 제자
명단
마가
누가
요한

흠…
그러고 보니…
성경앱 검색 중
공관복음서에서 예수가 열두 제자에게 능력을 수여하는 장면도, 요한복음엔 빠져 있네요.[2]
마태
마가
누가
치유, 축귀
요한
헐? 요한 1, 2, 3서로 가도 '사도'라는 단어조차 안 나오네요?[3]
오?
아니, 요한 서신 정도면 바울 서신처럼 사도, 선지자, 교사 같은 직분에 관한 언급이 나올 법도 한데…[4]
네, 전혀 안 나오네요.
되려 요한 1서는 "아무도 너희를 가르칠 필요가 없다"…고 하네요.[5]
아…
겁나 혁명의 기운이 느껴지는군.

요한공동체
다 비켜
베드로 꺼져!
-사도 꺼져! 선지자 꺼져! 교사 꺼져!
-꺄악
목사 꺼져!
당회장 꺼져!
장로 꺼ㅈ..
그만.
그러니까
요한복음이나
요한 서신은
역할이나 지위로
교회 구성원들을
구분 짓기보다는...6
칫...

그냥 '제자'라는 하나의 개념을 강조하는 거 같아요.[7]
요한
제자
μαθητής
오, 브라운이라는 신학자는 이렇게 썼네요.
"...요한은 지속적으로 제자들을 강조(78회)함으로써 자신의 관심이 한 계층의 사람들을 다른 계층의 사람들 위에 두는 역할(혹은 지위)이 아니라 예수님과의 관계와 그로부터 받은 생명에 있음을 보여준다."[8]
Raymond E. Brown
그니까 내 말이, 겁나 수평적인 삘이 오잖아?
권위는 예수한테 집중돼 있는 거 같고.
네 뭐, 정확히 말하자면 '왕'으로 강조되는 예수와...[9]
왕으로 표현되는 빈도가 4복음서 중에서 가장 높음

'보혜사'로 지칭되는 성령에게 권위가 집중되어 있죠.[10]
제자들에게 예수에 대한 모든 것을 가르침
아...
요한 공동체... 당신들은 대체...
......
근데 요한 공동체가 그리 이상적이기만 했던 건 아니었어요.
엉?
내부 논쟁과 분열이 꽤 심각했던 거 같거든요.
분열??
네, 요한1서를 보면...
요한 공동체 내부에서 떨어져 나간 그룹이 있다고 해요.
"그들이 우리에게서 나갔으나 우리에게 속하지 아니하였나니 만일 우리에게 속하였더라면 우리와 함께 거하였으려니와 그들이 나간 것은..."
요일 2:19

흠... 요한 서신이 쓰일 때 정도면 일단 요한복음 전승 자체는 공동체 모두가 공유하고 있었을 텐데?[11]
요한복음
아마도 요한복음 전승 해석에서 차이가 생겼던 거 같아요.[12]
요한복음
해석 차이? 뭐 어떤...?
일단은 예수의 성육신.
요한 서신은 그 분리된 그룹이 예수 그리스도가 육체로 온 것을 부인한다고 비판해요.
"미혹하는 자가 세상에 많이 나왔나니 이는 예수 그리스도께서 육체로 오심을 부인하는 자라 이런 자가 미혹하는 자요 적그리스도니"
요이 1:7
예수가 육체로 온 걸 부정한다... 일종의 가현설인가?
가현설이요?
어. 가현설 몰라?
신적인 그리스도가 인간의 몸처럼 보이는 일종의 가상의 육신을 입고 왔다고 생각하는...

예수의 감정이나 고통을 사실상 겉치레로 보는, 초기 이단 사상이잖아.13
실은 하나도 안 아픔. 내가 이미 승리한 줄도 모르는 저 모지리들ㅋㅋㅋ
음... 그러면 그 분리된 그룹은 가현설 초기 증세? ...라고 할 수 있을 듯해요.
가현설 1기? 2기?
노잼
"말씀이 육신이 되었다"고 강조하는 요한복음 전승을 이미 받아들이고 있던 이들이 갑자기 그런 극단적인 가현설로 돌아섰을 거 같진 않고요.14
"말씀이 육신이 되어 우리 가운데 거하시매..."
요 1:14
영원한 생명을 주는 예수의 신적인 면에 너무 집중한 나머지...
'인간 예수'의 의미가 그들 속에서 점점 지워져 간 게 아닐까 싶어요.
그러다 결국... 인간으로 살아간 예수의 삶과 죽음은 구원의 본질적인 요소가 아니라고 보게 된 거 같고요.15

신적인 존재가 주는 영원한 생명만 애정하고
인간 예수의 삶과 죽음은 지운다…
그래서 그런지 윤리에 대한 이해에서도 분리된 그룹은 차이를 보였어요.
윤리에서도?
이미 영생이 주어졌으니, 삶 속에서의 선행이나 윤리적인 행동이 큰 의미가 없다고 여긴 거 같거든요.[16]
……
요한 서신의 내용으로 상황을 좀 재구성 해보면…
분리된 그룹 측
요한 서신 저자 측
우리는 하나님과 사귐이 있다!
하나님과 사귐이 있다면서 어둠 속에 살면 뻥쟁이란다![17]
우리는 하나님을 안다!
하나님을 안다면서 계명도 안 지키면 뻥쟁이란다![18]

우리는 빛 가운데 산다!
빛 가운데 산다면서 서로 사랑하지 않으면 뺑쟁... 끄어어...19
와-
할렐루야-
아니... 어째 그 분리된 그룹 쪽 얘기들이 더... 교회에서 많이 듣던 얘기들 같냐.
지혁아. 지혁아 우리 기도 좀 해보자!
진짜 피켓 들 건가 봐 어떡해!
윤리적으로 행동하는 거보다 더 중요한 게 있잖아, 어?
넌 지금 하나님과의 교제가 없어 보여.

하나님의
자녀잖아,
우리.
아버지가 자녀에게
무슨 의로움을
바라시는 게 아냐.
그저 아버지께
속해 있기를
원하시지.
"...무릇 의를 행하지 아니하는 자나
또는 그 형제를 사랑하지
아니하는 자는
하나님께 속하지 아니하니라."[20]
어제 큐티 본문 중에
그런 구절이
있더라고.
암튼 뭐...
인간 예수의 의미...
신자의 윤리적 행동의
의미...

그걸 어떻게 이해하느냐에서 요한 공동체가 분열된 거구만.
네.
그리고 그 이해에 따라서, 요한복음의 핵심 주제를 이해하는 방식도 달라지는 거 같아요.
핵심 주제?
'영광'이요.
핵노잼 삘인데.
그럼 이건 나 혼자 공부해야겠다.
어, 무슨 소리야!!

SQPHONE에서 새폴더로 5개 항목 복사중
6% 완료
약 2분 남음
5개 항목(92MB)
간단히
모든 일에
주의 영광을 위하여

그러니까 목사님 말씀은... 하나님 나라를 위해서라면, 불법과 비윤리적인 행동도 상관없다는 거잖아요.
그런 거면.... 그게 무슨 하나님 나라예요?
아니야 성경아...
우리 자신의 어떠함보다 더 중요한 건 주님께 영광이 되는 거야.
...알겠니, 성경아?
성경전서
개역개정판

성경 씨가
유일하니까.
뭐...
서로 사랑하는
공동체...겠지?
주님...
저 이제
어떡하죠?
그 사람은
이제 절 정말
신뢰하는 거
같아요.

더 가까워지기
전에, 제가
사페레 출판사에
들어간 진짜 이유...
말해야
겠죠?
예수
당신...
대체 나랑
뭐하자는
거야?
같이 한번...
가봐요.
왜 난데없이
이런 식으로
다가오는 거야?
나한테
희망 같은 거
불어넣어서
뭐 어쩌려고?
쿵

다 사실대로 얘기하면 그 사람이 절 버릴까 봐 무섭긴 하지만...
그 사람은 제 진심을 아니까. 알 거라 믿으니까.
이번 한 번만 속아볼게.
그녀가 내민 손길만큼은... 진짜라고 믿으니까.

이윽고 김다윗 목사와 사페레 간의
3차 변론이 시작되었다.

요한복음이 윤리적인 내용을 제공하는가.
그렇지 않고 타자에 대한 배타성을 조장하는가.
이에 대한 각 측의 변론 이어가겠습니다.
어... 우선 요한복음의 배타적인 부분들, 특히 유대인들을 심하게 비난하는 부분들은...
요한복음이 쓰일 당시의 교회가 처한 상황을 참작해야 합니다.
...어라?
김다윗 목사는 성경이와 사페레가 나눴던 내용들을 사용해서 변론을 이어갔는데...

서로 사랑하라는 계명도, 얼핏 기독교인들끼리만 사랑하라는 말처럼 들릴 수 있지만, 요한복음은 하나님이 세상을 사랑하신다고 분명히 얘기하죠.
그 내용이 너무 성경이가 얘기했던 그대로여서, 사페레는 뭔가 이상하다는 느낌을 받았다.
즉, 전혀 배타적이지 않다는 말입니다.
사페레 측, 답변하실 내용 있습니까?
저렇게 좋게좋게 해석하는 것도 가능하다는 것에 동의합니다.
뭐...?
판사는 이 지리한 재판을 더 끌고 가는 게 의미 없다고 점점 느끼고 있었다.
여전히 저는 이것이 가치 판단의 영역이 아니라, 해석의 영역이라고 생각합니다.
아닙니다 판사님, 옳은 해석이라는 게 존재합니다!
드륵

그 옳은 해석에
누군가 반대한다고 해서,
그것이 본인의 명예를 훼손하지는
않는다는 얘깁니다.
판사님 하지만
그것이 한 개인과 종교의
정체성을 흔드는 것이라면
다르다고 봅니다.
사페레는
기독교의 핵심 진리인,
'예수가 하나님'이라는
요한복음의 내용을 부정하고
폄하했습니다.
소송이 흐지부지될 위기를 느낀
김다윗 목사는 '기독론'이라는 최후의
카드를 꺼내들었고,
변론은 4차까지 이어지게 되었다.
……
턱
턱
턱
쟤 왜 저래?
법정
갔다오시고부터
계속…

도청당하고 있어...
도청당하고 있어...
뭐라고 중얼대는 거야?
도청당하고 있다고!!
어딘가 도청 장치가 있어!!
아악!!!
혼자 난리 치지 말고 무슨 일인지 똑바로 얘기해. 이 자식아!!!
내가... 변론 준비한다고 성경 씨랑 요한복음 얘기 좀 나눈 게 있는데.
오늘 김다윗 목사 입에서 그 얘기들이 그냥 고대로 나왔단 말이야!

야, 우연이겠지. 암만 그래도 목사가 무슨 재주로 도청을 하겠어?
사장이 사장이 일케 순진해 빠져가지고, 어휴…
절레
절레
……
아니 근데 성경 씨는 어디 간 거야?
아, 간식 사온다고 나갔어요.
아함… 낮잠이나 한숨 자야겠다.
저… 근데…
사페레 작가님이 보셔야 할 사진이 하나 있어요…
엉?

주

1. 마 10:1-4; 막 3:13-19; 눅 6:12-16.

2. 마 10:1; 막 6:7; 눅 9:1.

3. Raymond E. Brown, 『요한복음 개론』(CLC 역간), 287, 292.

4. 같은 글.

5. 같은 글; 요일 2:27.

6. 같은 책, 287-288.

7. 같은 글.

8. 같은 글.

9. 같은 책, 293; 예를 들면, 요 12:13, 15.

10. 같은 책, 292; 요 14:26; 15:26.

11. Raymond E. Brown, 『요한 교회의 신앙과 역사』(한국장로교출판사 역간), 120-121.

12. 같은 글.

13. 같은 책, 126-127; 영지주의 문서 *Apocalypse of Peter*(VII 81:15-25)의 묘사에서 참조.

14. 같은 책, 127-129.

15. 같은 글.

16. 같은 책, 155-157.

17. 요일 1:6.

18. 요일 2:4.

19. 요일 2:9.

20. 요일 3:10.

Chapter

13

눈으로 볼 수 있게 드러난 영광

일단 지금
문자로 보내드려
볼게요.
후웅
전송됐어요.
아니
무슨 사진
이길래...
뒤져
뭐야.
내 폰
어디 갔지??
전화
걸어볼까요?
어어,
좀 걸어봐.
내가 폰을
어디다...
사페레의 폰은 법원 화장실에 있었고...
청소하시는 분에 의해 습득된 상태였다.
아... 젠장
법원에 또 가야
하잖아...

과자
드세요오~
이런
젠자앙....
씩
씩
어, 작가님?
어디 가세요?
탁탁탁
버,법원
화장실 간다
왜?
홱
아니...
왜...???
거기 폰을
두고 오셨대요.
아...
오늘...
얘기해야
하는데...

......
커어어--
뭐야 너?
왜 따라와?
적적하실까 봐
같이 가주는 거예요.
안 적적한데.
아, 알겠습니다.
제발
같이 가줘...

부우우웅
덜컹
덜컹
영광 학원
영광 학원
흠…
요한복음의 핵심 주제가 '영광'이라 그랬나?
네. 노잼삘이라 하셨던…
왜냐면 좀 뻔하잖아. 부활 승리한 예수! 하나님의 높디 높은 권세! 그런 거 아님?
그런 승리주의적, 자기도취적 이야기는 좀 넌더리가 나서.
아, 그런 거 아니거든요?

근데 지금
이런 얘기할 게
아니라...
그게 아님
뭔데? 어? 어?
아잇...
법원 도착하면
얘기해야겠다.
어,
그러니까...
일단 구약에서
보면 주로...
하나님이 자기 백성에게
자신을 나타내려 하실 때
드러나는 것을 가리켜서,
'하나님의 영광'이라고
부르더라고요.
신이 자신을
나타내는 것?
네네.
하지만 직접 드러나시진 않았죠.
광야의 이스라엘 백성에게
구름에 가려진 광채로
나타나거나, 모세에게 그 영광이
얼핏 보여진 정도?[1]
그런데 구약에서 그렇게
부분적으로만 드러나던
하나님의 영광이,
요한복음으로 오면
충격적인 방식으로 나타나요.

눈으로 볼 수 있는 인간으로.
예수로 드러난 거죠.
인간 예수를 본 것이 곧 하나님의 영광을 본 것이다?2
그쵸.
어떻게 보면, 예수의 삶 전체가 하나님의 영광이 가시적으로 드러난 순간들이었던 거죠.3
당시 유대인들에겐 이런 요한복음의 선언들이 엄청 충격적이었을 거고요.
"말씀이 육신이 되어 우리 가운데 거하시매 우리가 그의 영광을 보니 … … 본래 하나님을 본 사람이 없으되 아버지 품속에 있는 독생하신 하나님이 나타내셨느니라"
요 1:14, 18
아하…

근데 그러면 오히려 '영광'이라고 부를 수가 없어지는 거 아닌가?
...?
예수의 삶이 참... 비루하잖아.
가축 구유에서 태어나서, 최악의 처형 방식으로 죽었는데.
음... 그쵸. 영광이라 할 만한 화려함이나 광채 같은 건 없었죠.
그나마 광채가 흐르는 변화산 장면도 요한복음엔 빠져 있잖아.
생각해보니, 공관복음에 공통적으로 나오는 십자가 처형 장면에서의 초자연적 현상도 안 나오네요.[4]
아, 막 대낮에 어둠 깔리고 성전 휘장 찢어지고 그런 거? 그게 요한복음엔 없어?[5]
네네.

그냥 처형당하는
예수의 고통과 죽음을
그대로 묘사할 뿐이죠.
그럼에도 그 수난과
십자가 사건은
요한복음 구조에서
'영광의 책'이라 불리는
파트에 담겨 있어요.6
표적의 책
1장 19절
10장
영광의 책
13장
20장
그럼 요한복음 저자는
대체 뭘 보고 그걸
'영광'이라고 한 거야?
음...
하나님의 영광이란
결국 하나님이
자신을 나타내시는
것이니까...
질문을 이렇게
바꿔보면 좋을 것
같아요.
예수의 고통과
고난 속에서
하나님이 어떤 분으로
드러나고 있으신가?

어떤 분으로 드러나긴,
자기 아들을 버리는
하나님이지.
차갑고, 무감정하게!
인류 구원이라는 거~창한
목적 달성을 위해
잔혹한 수단을 택한 신!
불끈
그런 데서 '영광'을
보라고 말하고
싶은 거야?
아... 하긴 뭐. 그러니
끔찍한 참사를 두고도, 하나님이
나라를 위해 그들을 희생시켜
국민한테 기회를 줬다느니 하는 망언이
교회 강단에서 나온 거겠지.
오로지
목적 달성을 위해서
무감정하게 행동하는
전지전능한 로봇.
기독교인들은
그런 존재를 상상하며
'영광스럽다'고
하는 거야?

하나님이,
머얼리서...
십자가에서
죽어가는 아들을
그저 멀리서 보고
있으셨을까요?
아니면 아예
고개를 돌리고
있으셨을까요...?
아니면...
함께
있으셨을까요?
함께 있기는
무슨...
그런데
요한복음의 예수는 분명
아버지 하나님이 자기 안에 계시며,
자신과 함께하신다고 했어요.[7]
예수와 함께하셨던
아버지 하나님이,
십자가에 달리는 순간에만
갑자기 도망가셨을까요?

게다가 예수는 자신을 본 것이 곧 아버지를 본 거라고 말했죠.[8]
맞아요, 우리는 예수를 볼 때 아버지 하나님을 함께 보는 거예요.[9]
REX IVDAEORVM
봐야 해요.
인간의 모든 고통의 순간 속에서 함께 고통당하시는 하나님을[10]

우리의 모든
절규 속에서
함께 우시는
하나님을...
봐야 해요.
신학자 본회퍼가
나치의 사형수 감옥에
갇혀 있을 때
이런 얘길 했죠.
오직
고난받는 하나님만이
도와줄 수 있다고.[11]
Dietrich Bonhoeffer
죄와 사망에 갇힌...
그리고 삶 속의 온갖
고통과 상처를 겪는
우리에게

영원한
생명을 주시고
삶 전체를 새롭게
하시기 위해
자발적인
고난 속으로
자신을 낮추신 분.[12]
요한복음은
그 사랑 속에서
하나님의 진정한 영광을
본 게 아닐까요?
그런
분이면....
글로벌
청년 부흥 컨퍼런스

그날 난...
부활을 노래할 수
없었거든.
입으로만 뻥긋거렸을
뿐...
근데 지금
성경 씨 얘기 들으니
그 생각이 났어...
부활한 예수를
본 도마...

부활이야말로 빼박
영광이지. 영광인데...
그 영광스러운 몸에서조차
고통의 흔적은 한 치도 지워지지
않았잖아.
도마는
그 고통의 흔적을
보고서야
부활을 납득했지...[13]
그 고통의 흔적을
보고서야...
부활을 노래하며
살 수 있었겠지...
이번 정차할 곳은
동부지방법원-
동부지방법원
입니다. 다음은-

이제...
얘기를...
금방 왔네.
자유 평등 정의
안내데스크에
맡겨놨다 그랬지,
안내데스크...
화장실에
폰 놓고 간
사페레 씨 맞으시죠?
....예.
여기
있습니다.
04:50
감사
합니다.
갑시다~
고우고우~

저 작가님한테
거짓말한 거
있어요.
저...

주

1. Richard Bauckham, 『요한복음 새롭게 보기』(새물결플러스 역간), 103-105.

2. Richard Bauckham, 같은 책, 106-108.

3. 같은 글.

4. Richard Bauckham, 같은 책, 121.

5. 같은 글; 마 27:45, 51; 막 15:33, 38; 눅 23:44-45.

6. 전체 구조는 서론(1:1-18), 중간극(11-12장), 부록(21장)을 포함함; Richard A. Burridge, 『네 편의 복음서, 한 분의 예수』(UCN 역간), 212-213.

7. 요 17:21; 16:32.

8. 요 14:9; Jürgen Moltmann, 『오늘 우리에게 그리스도는 누구신가?』(대한기독교서회 역간), 44-45.

9. 같은 글.

10. Jürgen Moltmann, 같은 책, 46-47.

11. Jürgen Moltmann, 같은 책, 47에서 재인용.

12. Richard Bauckham, 같은 책, 140-142.

13. 요 20:24-29.

Chapter

14

퇴장

이 얘기
하려고 그러는
거니?
아...
나가자
일단.
작가님 제가
설명을...
아냐, 하지 마
하지 마.
설명하지마.

우리...
이렇게 하자.
나는 이 사진을
지울게.
그리고 성경 씨는
내 인생에서
퇴장해줘.

내 얘기는...
들어보지도
않아요...?
성경 씨 그냥
빨리 퇴장해.
안 그러면...
내가 성경 씨
정말로 증오하게
될지도 몰라.
지금까지 내가 느낀
성경 씨의 모습이
다 가짜였다
할지라도...
그 기억마저
증오로 태워버리기
싫으니까...
가짜...?

...알겠습니다.
가짜는 이만
퇴장할게요.
탁탁탁
탁탁탁탁
예수는 하나님이시다!
(요한복음의 기독론)

4차에서는
승부를 내야 해…
김 목사가 벌써
내년이면
서른여덟이야?
예…
시간
빠르네~
요즘 참 청빙
자리가 안 나네.
내가 김 목사 추천은
많이 하고 다니는데.
일단 이번
사페레 소송을
잘 끝내면…
소송 잘 안 되면
어떡하려고?
너무
한쪽으로만
생각하지 말고.
김 목사는
개척해도
잘할 타입이야.

4차에서 무조건...
승부를 낸다...
다음날.
성경이는 출근하지 않았다.
뭐야? 전화도 안 받고?
저... 작가님, 어제...
아, 내가 알아서 했으니까, 신경 안 써도 돼.

오늘도
둘이 같이
퇴근하겠지?
변론 준비는
함께 하는 것
같았으니...
어이가
없어서 정말...
터벅
터벅
이 자리에
직원인 척 앉아서
내 변론 준비나
캐고 있었겠군.

기독교인들
진짜 대단해.
대단해 정말.
둥ㅡ
보자아...
도큐멘트
딸깍
표지시안B컷들
요한복음
딸깍
요한복음
ㅅㅍㄹ메모1
ㅅㅍㄹ메모2
ㅅㅍㄹ메모3
ㅅㅍㄹ메모5
허... 뭐야...
바로 나오네?
ㅅㅍㄹ메모...
우리 이성경 동무는
파일명도 아주 작살나게
지었는데기레.
모든 사람이
다 알아보갔어.
딸깍
딸깍
흠... 이건
내가 요한복음
저자 문제 얘기했던
부분이고...
딸깍
...?
여기서부턴
좀 일기 비슷한...
딸깍
딸깍

9월 21일
계속 사페레 얘기들 적어가는 게
점점 무의미하게 느껴진다...
뭐야...?
딸깍
딸깍
9월 28일
사페레의 공격적인 얘기들이 어느 순간부터
질문으로 들리기 시작한다.
내 변론 얘기는
왜 없...
10월 5일
김 목사님의 무리한 요청을 거절했다가... 버려졌다.
하나님 나라를 위해서 불법을 저질러도 되는 걸까?
난 못하겠다.

김다윗의
무리한 요청?
불법?
10월 9일
하긴 내가 여기 있는 거 자체도 윤리적으로
문제가 있지 뭐. 퇴사하는 게 맞겠다...
10월 9일?
이날이면...
저 회사
그만둘 거예요.

아...
왜냐면 저부터 틀려먹었거든요.
뭐가 윤리적인지 비윤리적인지 분간도 못하고...
하나님 나라가 뭔지도 모른 채 하나님 나라 위한답시고...
벌떡
오후 5:40
연락처
이성경
메시지
휴대전화
010-1234-4321
꾹-
메시지 보내기
연락처 공유

뚜ㅡ
뚜ㅡ
뚜ㅡ
고객님이
전화를 받지 않아
음성사서함으로…
아잇!!
우웅
이성경
우웅
어!
서서서성경 씨!!
여보세요?
여보세요?
탁
탁
탁
탁
탁

퇴근 시간
됐는데...
여보세요?
나왔다...
근데
성경이는...?
성경 씨 안 들려?
여보세요?
전화 왜
했는데요?

어! 내가 할 얘기가,
할 얘기가 있어!
할 얘기...
샤샥
이런!
...방금 뭐지?
네?
뭐라구요?
아니야 성경 씨,
잠깐만...

Chapter

15

고통의 자리

...?
터벅
터벅
터벅
터벅
터벅
터벅
슥
탁

화악
아니... 김다윗 목사님께서 여긴 어인 일이십니까...?
김다윗 목사님??
아, 난 그냥... 지나가는 길...
지나가는 길에 왜 숨어?
너지? 성경 씨와 나의 대화를 도청한 놈?

뻑
소설을 써라!
억!!
아니... 목사가 폭력을...
턱
스윽
이건...
빠각
정당방위다 이 자식아!!

뭐예요 지금?
무슨 일이에요??
여보세요?
어...
성경 씨...
무슨 일
이냐고요??
어 뭐...
특별한 일
아냐...
성경 씨
어디야 지금?
요한요양병원
외할아버지 저 잠깐
나갔다 올게요.

끼익
벌컥
끼이-
부우우웅
뭐예요?
김다윗 목사님
짓이에요?

아, 이건
신경 쓰지마.
김 목사님이
출판사로 찾아온 거죠?
작가님 도청하려고?
성경 씨, 나
그 얘기하러 온 거
아니야.
고발하세요.
저까지 포함해서.
이런 말도 안 되는
소송에, 도청까지 당하셨는데...
저 같으면 엄청 억울하고
화날 거 같아요.
어제 솔직히 제 얘기
들어볼 생각도 안 하셔서
마음 되게 상했는데...
가만 생각해보니...
작가님 인생에서
제가 퇴장하는 게 맞죠.

아니...
성경 씨...
가짜인
것도 맞죠.
첫 단추가
거짓이었으니까.
김 목사님의 작당에
동참한 사실은 바뀌지
않으니까. 가짜죠.
하지만 그래도
제 진심은...
점점... 작가님의 고통과
질문의 자리에 함께
마주 앉아 있고 싶어졌던
제 진심 정도는...
알아줄 줄
알았는데...
염치없는
기대를 해서
죄송하네요.
가세요.
가서 다 밝히고
김다윗 목사와 저
고발하세요.
싫어.

왜요?
성경 씨가
계속...
계속
나랑...
마주 앉아
있어주었으면
좋겠어.

힘겹게 거의 다 지워냈던 유지혁을...
다시 끄집어냈어. 성경 씨가.
유지혁으로는 너무 아파서.
도무지 그대로 살 자신이 없어서 사페레가 되었는데.
성경 씨를 만나면... 가면이 자꾸 벗겨지는 느낌이었어.
자꾸 유지혁으로서의 내가 끌어올림 되는 느낌. 그러다 결국 정말로 유지혁을 드러냈지만...
근데 이상하지... 성경 씨 앞에서 드러나는 유지혁은... 그렇게 아프지 않았어.
그래서 처음으로 그런 생각이 들었어...

성경 씨랑
함께라면...
내가 다시
유지혁이어도
괜찮지 않을까...
덜걱
스윽

유지혁은...
겁이 많아.
비겁한 놈이지.
성경 씨가
나한테 그랬지.
하늘에 대고 피켓
든 거 아니냐고.
사페레여서
들 수 있었지.
사페레니까 공격적으로
질문해댈 수 있었지.
유지혁은
못해.
기독교 신앙에
대해 정말로
절망할까 봐
무서워서 못해.
...웃기지.

근데 성경 씨는 어떤 가면도 쓰지 않고서 사페레와 함께 질문했어.
참나... 저도 무서웠거든요?
알아. 근데 두려우면서도 내가 울부짖고 있는 자리로 와줬잖아.
그리고...
그 고통의 자리에 함께 계신 분에 대해서도 알려줬잖아.

당시에 난...
지수가 죽을 때
하나님한테 대체 어디
계셨냐고 따져 묻고
싶었었어.
근데 무서워서 못 따졌지.
그 질문을 해버리면...
그다음은 절망일 것 같아서.
그런데 성경 씨가
요한복음의 십자가 장면을
통해 알려준 하나님...
우리와 함께
고통 당하시는
하나님은...
나에겐 정말
오래간만에 비춰진
빛이었어.
하나님께서 고통의 자리에
있으시다는 건...
그 자리로 그리스도인들도
오도록 부르신다는 거니까.

하나님과 동행하기 위해선... 세상의 불의한 일들과 고통의 현장 속으로 들어가야 한다는 거니까.
그렇게... 고통의 자리에 계신 하나님을 찾아다니는 그리스도인들이 많아진다면...
'교회'라는 말과 '희망'이라는 말이 제법... 어울리게 되겠지.
내 고통의 자리로 와준 성경 씨는... 그런 희망 그 자체였어.
저... 많이 무서웠어요. 정말 많이...

근데 무서우면서도
용기가 생겼던 건...
작가님 앞에선
제가 저일 수 있어서.
이성경이 이성경일 수
있어서였어요.
교회에서 저는
주보 만드는
새가족부 자매인데.
주보 잘 만들고,
새로 온 청년들
잘 맞이하고,
케어하고.
형제들 시험 안 들게
옷차림 주의하고,
결혼할 배우자를
찾아야 할 그런 자매.
신학적 탐구를
좋아하고,
질문하기 좋아하는
이성경은...
교회에선
필요없었죠.
그래서 늘...
교회가 원하는 모습의
가면을 쓰고 있었던 거
같아요.

하지만 작가님은 절 그 어떤 것으로도 규정짓지 않았죠.
심지어 제가 기독교인인 걸 밝혔을 때조차.
근데 딱히 기독교인이건 말건 상관 있나?
성경 씨는 성경 씨지.
요한복음으로 기독교 신앙에 대해 알아가는 거. 그리고 유지혁이라는 사람에 대해 알아가는 거...
둘 다 두려운 일이었지만... 두려우면서도 저한테는...
이성경에게는 그게 정말 가슴 뛰는 일이란 걸 느꼈거든요.

계속...
가슴 뛰게
해줘요.
우우웅
우우웅
아,
뭐야...?
우우웅
......

아, 받아봐요.
모르는 번혼데?
우우웅
여보세요?
208
여보세요??
김다윗 목사입니다...

Chapter

16

요한복음의 기독론

만나서
얘기 좀...
합시다.
오늘 오후
있었던 일에
대해서...
네... 오늘
오후 있었던
일에 대해서.
무슨 얘기가
하고 싶으실까?
일단...
어디시죠?

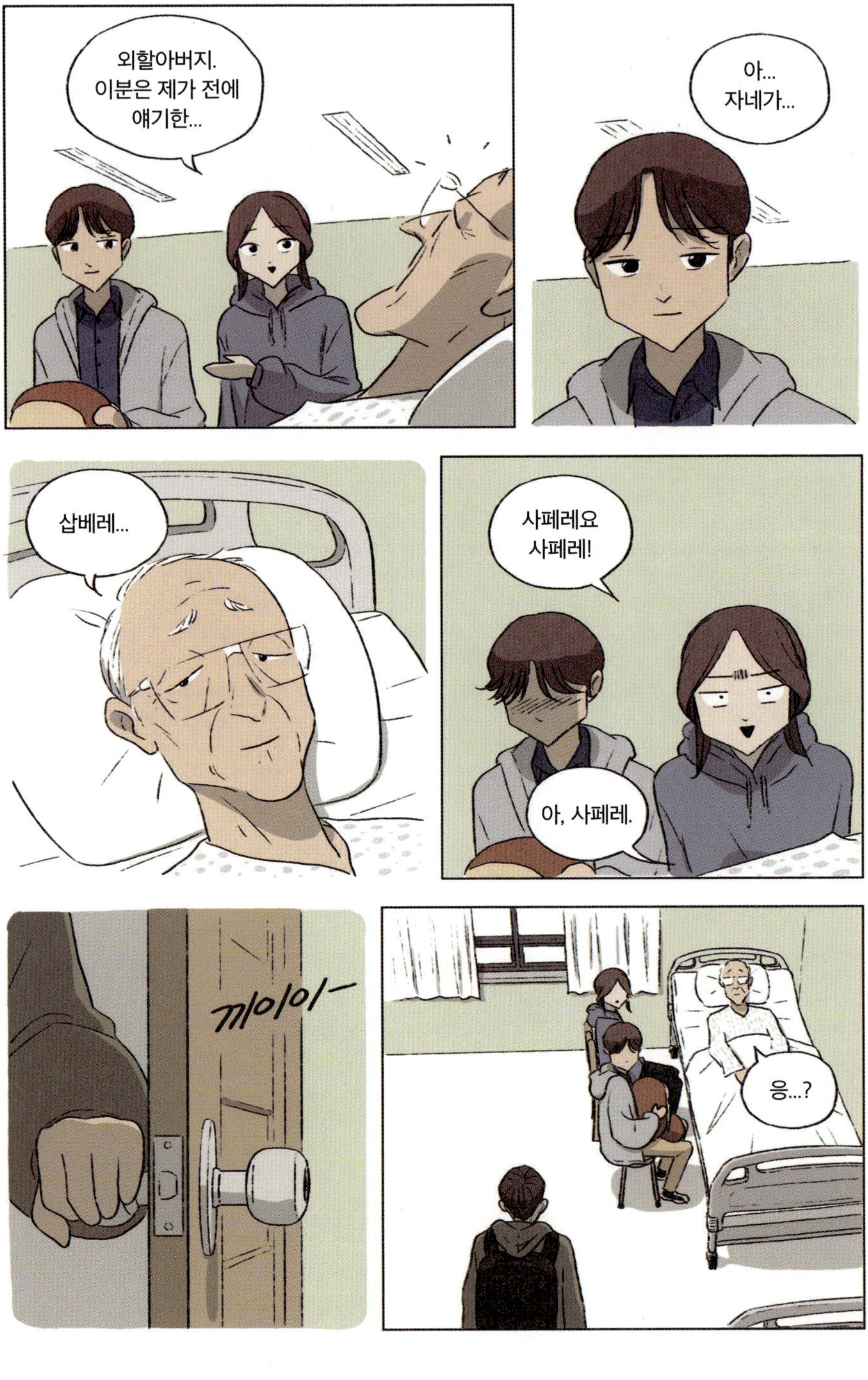
외할아버지.
이분은 제가 전에
얘기한...
아...
자네가...
삽베레...
사페레요
사페레!
아, 사페레.
끼이이-
응...?

저 친구는
또 누군가?
아... 저희 청년부의
김다윗 목사님
이세요.
아이구
목사님까지
심방을 오셨습니까!
아, 누워
계십시오!
누워계십시오!
요한요양병원
짹짹
짹짹

아까 올라오면서 듣기로는, 외할아버님께서 신학자시라고...
뭐... 자네도 신학자 아닌가?
예...??
성경이가 얘기해줬네. 자네가 던졌던 질문들을.
하나님의 말씀에 대해 질문하는 사람은 다 신학자나 다름없지.
이제 요한복음에선 하나 남았지...? 기독론?
아니... 다 아시는군요?
다 얘기 했으니까요.
껄껄껄...
뭐가 제일 걸리나?
예수가 하나님이라고 단언하는 거?

예... 솔직히
공관복음에는 안 나오는 내용이고,
요한복음 혼자만 예수가
신이라고 주장하는 거 아닙니까?
......
마태
마가
요한
예수는 하나님!
뭐 이건...
김다윗 목사님께서도
궁금해하실 만한 부분인
듯한데...
흠... 요한복음이 예수를
구체적으로 '어떤 신'이라고
주장하던가?
어...
글쎄요...
글쎄요?
아니 지금
전제도 흐리멍덩한
상태로
질문을 한 겐가?
찌릿
어억...
아, 생각났습니다!
'성육신한
하나님의 말씀'
그렇지.
그런데 그거야말로
기묘한 개념 아닌가?
'하나님의 말씀'이
인격화되다니.
사람이 되다니.
이런 생각은
대체 어디서
나온 거 같은가?

서,성경 씨 도와줘...
내가 질문한 건데 거꾸로
내가 질문당하고 있어...
쯔쯔...
우선은 예수가
요한복음에서 자주 한
'나는 ~이다' 형식의
일곱 가지 말씀들을 보면...[1]
나는
생명의 떡
세상의 빛
양의 문
선한 목자
부활이요 생명
길이요 진리요 생명
포도나무
이다
이건 완전... 구약에서 모세에게
하나님이 자신을 계시하실 때의
그 말투예요.[2]
나는
스스로 있는 자
이다
그러니까, 요한복음의 예수가
구체적으로 어떤 신이냐... 했을 때는
일단 구약의 야웨 하나님과
연관이 있다는 거겠죠?
하지만 구약에...
하나님의 말씀이
인격화된 그런 경우는
없지 않나?
잠언에
나와요.
잠언?
네, 잠언에는
'하나님의 지혜'가
인격화되어 등장하거든요.
"지혜가 ...
자리를 잡고 서 있다
마을 어귀 성문 곁에서,
여러 출입문에서 외친다"
잠 8:2-3(새번역)

이 '지혜'는 태초부터 하나님과 함께 있었고, 하나님 곁에서 창조자가 되었다고 해요.3
근데 요한복음에서도 똑같이, '말씀'이 태초부터 하나님과 함께 있었고, '만물이 그로 인해 지어졌다'고 하잖아요!4
그뿐 아니라 '지혜'는 사람들을 가르치고 생명을 얻게 하고, 교훈을 주려고 빵이나 물, 포도주 같은 상징을 사용하는데...5
요한복음의 예수도 사람들을 가르치고, 영생을 얻게 하고, 생명의 빵, 생명수 같은 상징을 사용했죠.6
오... 그럼 요한복음 저자는 잠언의 그 '인격화된 지혜' 개념을 예수에게 적용시킨 거로군?
음... 그런데 사실 공관복음에도 이런 '인격화된 지혜'를 예수에게 적용하는 부분이 있고요.7
"지혜는 자기의 모든 자녀로 인하여 옳다 함을 얻느니라"
눅 7:35

구약의 하나님을 떠올리게 하는, 그리스어로는 '에고 에이미'인 '나는 ~이다' 형식도 공관복음에 나와요.[8]
"...안심하여라. 나다. 두려워하지..."
막 6:50
ἐγώ εἰμι
에고 에이미
초기 기독교 전승이 이미 예수를 그렇게 구약의 하나님의 말씀이자, 인격화된 하나님의 지혜로 생각했던 거죠.[9]
요한복음에서는 그 주제들이 더 강조되고 발전된 거고요.[10]
요한
하... 완전 사기 캐릭이네. 이거... 지식 보소...
아, 외할아버지께서 저 어릴 적에 이상한 별명 붙여주셨었잖아요.
잠언의 인격화된 지혜는 그거 땜에 생각났어요.
아... 그걸....
기억하는 구나...

호크모트?
그래 호크모트. 잠언에 등장하는, 하나님의 지혜가 인격화된 한 여인이지.
이 여인은 광장에서 강력한 목소리로 사람들을 가르치고, 생명을 얻게 한단다.[11]
이 할아비가 홀로 계속 기도했지…
성경이 니가 그렇게 예수님 안에 있는 지혜와 가르침을 살아내는 사람이 되기를…
그래서 하나님의 희망을 비추는 '지혜 여인'으로 자라길…

뭐 성경이가 그렇게 잘 자랐는지는 우리 목사님이 제일 잘 아시겠네요. 허허.
어떻습니까, 목사님? 우리 성경이가 교회에서도 그런 지혜와 가르침을 어째 좀 뿜어내고 있습니까?
아, 제가…
다른 선약을… 깜박했군요. 먼저 가봐야겠습니다.
탁탁탁

그냥 가시게?
얘기할 게 있다더니.
쿵
김다윗 목사는 마지막까지
아무 말도 남기지 않은 채 떠났고.
부우우웅-
며칠 후, 사페레에 대한 고발을 취하하고
소송을 접었다.

사과 한 마디를
못하네…
김다윗 목사님도 지금의
낡은 시스템의
피해자인 거 같아요.
결국 교회는…
답이 없는 걸까?
뭐 저랑
해보자면서요?
서로 사랑하는
공동체?
계속 질문하면서,
신앙과 현실
사이에서
부딪혀봐야죠.
진짜 답 없는
몸부림일지도
모르지만…
요한복음은
그 몸부림을
돕는 분이
있다잖아요.
아…
보혜사 성령?
이야…
우리 성경 씨는
믿음이
어찌나 좋은지…

그래 뭐...
꼬옥

같이 슬슬
걸어가 보자.

주

1. Andreas J. Köstenberger, 『IVP 성경신학사전』(IVP 역간)의 기고문, 410.

2. 같은 글; 출 3:14.

3. 잠 8:22, 23, 30; Raymond E. Brown, 『요한복음 개론』(CLC 역간), 329.

4. 요 1:1-3; Raymond E. Brown, 같은 글.

5. 잠 4:11-13; 8:32-35; 9:2-5; Raymond E. Brown, 같은 책, 320.

6. 요 6:35, 51; 4:13-14; Raymond E. Brown, 같은 글.

7. Raymond E. Brown, 같은 책, 333; 마 11:19 참조.

8. Robert H. Stein, 『BECNT 마가복음』(부흥과개혁사 역간), 452.

9. Raymond E. Brown, 같은 책, 334.

10. 같은 글.

11. 잠 1:20-33.

THE GOSPEL ACCORDING TO JOHN

요한복음 뒷조사

한국교회에 던져진 엄중한 질문에 요한복음이 답하다

1쇄 발행 2018년 6월 30일
10쇄 발행 2025년 3월 2일

지은이 김민석
펴낸이 김요한
펴낸곳 새물결플러스

편 집 왕희광 정인철 노재현 이형일 나유영 노동래
디자인 황진주 김은경
마케팅 박성민
총 무 김명화 이성순
영 상 최정호
아카데미 차상희

홈페이지 www.holywaveplus.com
이메일 hwpbooks@hwpbooks.com
출판등록 2008년 8월 21일 제2008-24호
주 소 (우) 04114 서울시 마포구 신촌로28가길 29
전 화 02) 2652-3161
팩 스 02) 2652-3191

ISBN 979-11-6129-066-9 07230

책값은 뒤표지에 있습니다.